アジアの台所に立つとすべてがゆるされる気がした

コウケンテツ

新泉社

アジアの台所に立つとすべてがゆるされる気がした

目次

はじめに

40℃を軽く超える猛暑。何の前触れもなく滝のように降り注ぐスコール。
かと思えばあっという間に晴れて、空には虹がかかる。
そんな空を眺めながらぬるいビールを飲み干す。
交通ルール無用。5人も乗っちゃうバイク。砂埃《すなぼこり》にクラクションの大合唱。
道を聞くと10人もの人だかり。
メインストリートから1本外れただけの、リアルな世界。混沌《こんとん》が日常。
まずはすべてを受け入れる。
人懐っこい笑顔、笑顔、笑顔。
人と人。魂と魂。今生きているという実感。
最高にうまくて安い食べもの。え？　賞味期限て何？

市場が最高のテーマパーク。
サマルカンドの青を超える青空。
トンレサップの真夜中の月。
虫の屋台に豚の血。
つまみと酒があれば、あとは音楽とダンス。言葉なんていらない。
何の問題も解決してはいないけど、なんだかゆるされたような気持ちになる。
薪《まき》の炎。ココナッツの殻の炎。タバコの炎に蛍の光。
お父さんの包み込むような優しさに、お母さんの切れ味鋭いツッコミ。
可愛過ぎるおばあちゃんに子どもたち。
受け入れてくれてありがとう。一緒に酔っ払ってくれてありがとう。
一緒に泣いてくれてありがとう。
そこには愛しかなかった。ありがとう。一生忘れないよ。

コウケンテツ

ラオス　ヴィエンチャンにて

神バランス

名画『ベスト・キッド』にて、パット・モリタ演じるＭｉｙａｇｉさんはこう言った。「空手も人生もバランスが大事だ」と。

首都ヴィエンチャンにて。名物のサンド、カオチーパテの屋台のヤングなメンズの店員さんもこう言った。「パンと具のバランスが大事だ」と。

そしておもむろにバゲットを持ち上げ、なんと炭火で炙《あぶ》りだした。「うちの自家製の手ごねバゲットを炙って使うことで最高のサンドが完成するんだよ」と。

そう、カオチーとはバゲットの意味。自家製、手ごね、炙る……このキーワードを聞くだけで本物との出会いを予感させた。ヤング店員は早業でオリジナルの具を次々にはさんでいく。完成したずっしりと重みのあるカオチーにかぶりつく。パリッとした皮の食感に中はもちもち。これがフランスを上回るといわれるラオスのバゲットだ。

レバーパテ、チャーシューの旨み、チリソースの辛みをきゅうりの食感と紅白なますの酸味がさっぱりさせてくれる。パクチーの清涼感もたまらない。そしてラオス産のコーヒー豆を使ったカフェとともに。そのすべてのバランスは完全無欠だ。ヴィエンチャンで僕が出会ったカオチーパテはまさに〝ベストサンド〟なお味だった。

ラオスの名物サンド、カオチーパテ。甘酢っぱい紅白なますと力強い香菜が全体をまとめてくれる。ラオスの歴史を感じる味。(作り方は114ページ)

台湾 蘭嶼島にて

結果がすべてではない

神の魚。蘭嶼島《ランユー》に古くから住まわれているタオ族の人々は飛魚《とびうお》のことをこう呼ぶ。そんな飛魚の漁はまるで神との対話のようだ。そこには厳格なルールが存在する。ルールその一。飛魚が獲れた時に大声を出すべからず。ルールその二。捌《さば》く時には3カ所斜めに切り込みを入れるべし。ルールその三。煮る時は海水で煮るべし。このルールを守れないのならば漁をする、さらに食べる資格もない。

地元の漁師、施さんのご指導を仰ぎ、タタラ船と呼ばれるタオ族伝統の小さな手漕ぎの飛魚漁船で海に出る。真夜中の海で4時間以上波と格闘しながらも、本日の収穫は我々二人でたったの1尾……。悲嘆にくれる僕に、施さんは静かにこう言った。

「飛魚を食べる時は自分自身を祝福しなさい。そして神様がくれた運命の巡り合わせに感謝しなさい」

たった1尾の飛魚を施さんは海水で煮て、厳かに半分に分け、笑顔で「これが我々の食べ方だよ」と僕に渡してくれた。

伝統を尊び、すべてを分かち合うタオの生き方を、神の魚を通して教えていただいた。

味つけは海水のみ。海のごちそうの原点だよな、と思いながら有難く食した。料理名は水煮飛魚。(作り方は115ページ)

ブータン　パロにて

食感って大事だね〜ってお話

　寡黙なお父さん、ドルジさんは包丁というにはあまりにも太過ぎて、長過ぎる鉈《なた》のような刃物を振りかざし、庭で育てていた地鶏の身をドンドンと叩《たた》き始めた。

「骨ごと叩いてミンチにするのが美味しさの秘訣さ」

　首都ティンプーから西へ。ここパロは西ブータン最大の農業地帯。どおりで唐辛子もお米も野菜も味が濃厚でうまいはずだ。標高は２５００ｍ。歩くだけでゼェゼェ息切れするぜ……。

　骨入り鶏ミンチをたっぷりの油でじっくりと炒め煮にする。油が多いのは寒暖差が厳しい山岳地帯ならではの調理法。そこに、出た！　山盛りの刻んだフレッシュな青唐辛子！　ブータンと言えばやはり唐辛子。サイズは万願寺唐辛子くらいかな。比較的甘みがしっかりあるのとパプリカのような香りが特徴だ。そこへさらに乾燥させて粗挽《あらび》きにした赤唐辛子をたっぷりと投入。見ているだけで汗が出てくるぜ。塩、刻んだ花椒《ホアジャオ》の実、香菜を加えて完成。

　これを地元の赤米にかけていただく。プチプチした食感の赤米がジャシャマルの辛みをマイルドにしてくれる。薬味の香りも良し。そして何より骨ごと叩いたミンチの食感が良い！　これからはミンチは骨ごとドンドン！　で決まった。

大胆にも鉈で鶏を骨ごとミンチ状になるまで叩き、炒めて作るジャシャマル。
軟骨を叩いて作ってもうまい。（作り方は 115 ページ）

ラオス　ルアンパバーンにて

プライドとスープと肉味噌

元々雨の少ないラオス北部のルアンパバーン。特に晴れの日に多くの人で賑わうのは、麺料理の屋台。ラオスには様々な麺料理があるが、とびきりうまいカオソーイの店があると聞き、早速駆《か》けつけた。

そのお店に入ると、すぐに「細い麺？　太い麺？　地元の人はみんなセンヤイ（米粉100％の太麺）だよ」と。風通しの良い席に座るとほんの数分でそれは運ばれてきた。今までの経験上、美味しいものには予感が働く。そしてその感覚は大抵間違いがないものだ。「よく混ぜて食べてね」とオーナーのチャンスックさん。さっぱり鶏出汁《だし》に、ハーブと太麺がからむ。なんだ!?　この肉味噌のうまさは！

「そのとおり、肉味噌が味の決め手よ。ラオスの北部では昔からトゥアナオ（ラオスの納豆）を食べているのよ。よく炒めて、豆の旨みを引き出すの。北部伝統の味ね」

以前チャンスックさんのカオソーイの評判を聞いて、政府の高官が食べにきた際、融通を利かせるように耳打ちしてきたらしい。しかし、「あなた！　ちゃんと並びなさい！」と一喝して大行列に並ばせたという。「食べ物の前ではどんな人も平等よ。私はただ伝統を大切に、心を込めて作っているだけなの」。チャンスックさんの清々しいプライドとスープと肉味噌。ね？予感は間違いないでしょ!?

カオソーイはラオス北部限定の肉味噌麺。決め手になる肉味噌には、ラオスの納豆トゥアナオが入っていた。（作り方は 116 ページ）

マレーシア ペナン島にて

LOVE ナシレマ♡

2014年、マレーシア政府観光局により「食の親善大使」に任命されたコウケンテツ。今もよく作る大好きな「ナシレマ」に出会ったのは、世界遺産の街であり一大観光地のペナン島だった。マレーシア有数の屋台街が軒を連ね、美食の街としても知られている。

その日も朝から美味しいごはんを求め、マレー人居住区をフラフラ歩いていると地元の皆さんで賑わう市場発見。ここグルゴール市場の食堂街はマレー系料理がメインで、もちろんイスラム教の戒律に沿う食材を使用している。いわゆるハラールフードだ。美味しそうなお惣菜がたくさん並んでいるお店の、鮮やかな色彩のヒジャブをつけたお姉さんに、お薦めのおかず、食べ方を教えて！　とお願いした。

「基本的なのでいい？」と手際よくホカホカのごはん、ゆで卵、揚げたイカンビリス（煮干し的な）、ピーナッツを盛り、最後に唐辛子のソースのサンバルをかけてさっと渡してくれた。これがナシレマの基本形。食べてびっくり！　ココナッツミルクでごはん炊いてるやん！　辛いサンバルが濃厚なごはんを引き立てる。「私たちマレー系はもちろん、中華系、インド系の人もみんな大好きなごはんよ」。なるほど！　多民族国家のマレーシアで、全国民に愛されているナシレマ。やっぱり大好きだわ。

ご存じ、マレーシアの国民食、ナシレマ。ココナッツミルクでごはんを炊く。地元では具に欠かせない揚げたイカンビリスは煮干しでどうぞ。（作り方は117ページ）

カンボジア ソムラオンチューンにて

胡椒賛歌♪

正直、僕はいわゆる「美食」というものには興味があまりなくて……。食の業界では☆の数に執着する人も多いし、実際世界の三つ星のお店巡りに生涯を費やす人もいる。いや、別に自由なんですよ、食の向き合い方は人それぞれですから。

ただ、アジアの奥地で見たこともない野菜やハーブを使ったり、特定の木の皮を剥《は》いで水牛の内臓と煮たり、現地のおばあちゃんに「あなた手際悪いわね！」と、毒を吐かれながら手取り足取り料理を教わったり、「おい。可愛い子紹介するからここに住めや！」と、お父さんの甘い誘惑にキュンとなりながら盃を交わす経験なんかを多く積むと、食に対するこだわりはむしろスーッと消え去っていく。

そんな僕ですが、思い出すだけでいまだに恋しくなってシクシクしてしまうくらい好きで、こだわる素材がある。それは、カンボジアはコンポンチャム州ソムラオンチューン村で出会った胡椒《こしょう》だ。

完熟した赤い胡椒をさらにじっくり乾燥させた黒胡椒。それを使う直前に叩いて潰して使う。挽きたての黒胡椒の香りは、香り高くスパイシー、心地よい刺激を兼ね備えた究極の素材となる。

この村の世界最高級の胡椒があまりに恋し過ぎて〝2本立て〟でいきますね。次ページも胡椒のお話！

青パパイヤと豚肉のスープ煮スガオ ロ ホーン サイッ チュルック。黒胡椒を利かせて。（作り方は 118 ページ）

カンボジア ソムラオンチューンにての続き

グリーンダイヤモンド

前述のソムラオンチューン村は小さな村ではあるが、村人の皆さんの9割が胡椒農家を営んでいるという、まさに「胡椒の村」。古株のンガイ・チャイさんは18年ほど前から胡椒を栽培している。

畑には濃いグリーンの葉に覆われた、4～5mほどの高さにスラリと伸びた胡椒の木が等間隔で整然と並んでいる。以前訪れたイタリアのバローロの葡萄《ぶどう》畑に匹敵するほどの壮観な景色。

通常3～5月に完熟した真っ赤な胡椒を乾燥させ、黒胡椒として出荷するらしい。しかし、「胡椒農家の食べ方を教えてあげよう。楽しみにしてて」とンガイさん。

三女のソワンさんと一緒に、まだ未熟のグリーンに輝く生胡椒をたっぷりともぎ、今さっきまで走り回っていた地鶏と一緒に蒸し煮にする。なんたる香り！　なんたるうまさ！

グリーンの生胡椒は野菜なのだ。フレッシュで爽やか、フルーティーでありながら、しっかりと胡椒の刺激のある野菜。辛さを前面に出すスパイスとしての黒胡椒と明らかに違いがある。農家さんならではの贅沢な食べ方に、まさにグリーンダイヤモンドだね！　と僕。するとなんとも言えない複雑な笑顔を浮かべるンガイさん。迂闊《うかつ》な発言を後悔……。いったいどうすればこの美味しさを、この価値を、生産者の皆さんに還元できるのだろうか。

料理名のチャー サイッ モアン マレッ クチャイを日本語で
言えば鶏肉の生胡椒炒め。近頃日本でもいい生胡椒が入手
可能なので、ぜひ！（作り方は119ページ）

台湾 台南にて

酒と砂糖と自家製ラード

台南市将軍区はグリーンアスパラの産地だ。ここのは太く長く、鮮やかな緑色が特徴だ。生のままでパリッとかじると、水分が弾け飛ぶ。甘み、香りともに申し分ない。地元の生産者の黄許盡《おうきょじん》さんという、往年のジャイアンツファンの方なら嬉し泣きしそうな有難いお名前の、元気な88歳のおばあちゃんに手ほどきいただいた。

大量の豚の背脂を大きな中華鍋でしばらく加熱すると、黄金色のオイルと油かすに分かれる。それを濾《こ》すと主役の自家製ラードができる。

にんにく、フレッシュなグリーンアスパラを出来立てのラードでさっと炒める。高火力で炒めると、素材は鍋中で躍り暴れる。なんだこの香りは⁉ 油が違うと香りの質も変わる！ そこになんと油かすを投入。この油かすがまるで唐揚げのようなうまさ。

「昔はよくこれを食べたのよ。今の若い人は全然食べないから、みんな元気がないのよ」

仕上げにふわふわの炒り卵と砂糖で旨みをプラスし、塩で味つけするだけ。伝統的な台南料理に甘みは絶必と知る。

「毎晩飲むコウリャン酒、旨みの砂糖、あとはこのラードが健康の秘訣よ！」

おばあちゃん、台南式健康法に1票です！

台南の定番おそうざいは、グリーンアスパラと豚の背脂と卵が三位一体となった味。仕上げに加える砂糖がいい味出します。（作り方は119ページ）

インドネシア　ジョクジャカルタにて

控えめに言っても世界一の唐揚げ

確か以前、村上龍氏がエッセーで、北京ダック、参鶏湯《サムゲタン》、タンドリーチキンが世界3大鶏料理として挙げておられて、激しく同意！　と思ったものだ。この世界一の唐揚げに出会うまでは。

噂に聞いた名高い唐揚げの村、カラサン村を歩くと至る所で「アヤムゴレン カラサン」の看板を見かける。地元でも名の通ったパンドヨさんにご教授いただいた。まずはなんと地鶏を1羽のまま開き、岩塩、にんにくに、深みのあるコクを出すために潰したクミリ（スパイス）をたっぷりまぶし、ゆでる。え、ゆでるんスか!?　「薪の火で煮ないとカラサンの称号はつかない」とパンドヨさん。

1時間ゆでたあと、そのまま薪の火が消えるまで待ち、一晩置く。そうすることで骨まで味が染み込むという。ほう！　そして衣がまた秀逸。小麦粉をその鶏のゆで汁でしっかり溶くのだ。何！　この衣！　ホロホロに身が柔らかくなった鶏を衣にくぐらせて、大鍋でじゅわ〜と揚げる。

唯一無二の相棒サンバルをたっぷりつけてむさぼり食えば、口内の旨みを直接脳に届けてくれる。気がつけばビール片手に無我夢中で3羽完食していた。3羽も食べてもた！　まさに驚異的なうまさ。これ以上の出会いはもうないだろうな。

アヤムゴレン カラサンは、カラサン村の唐揚げのこと。鶏のゆで汁を加えた衣が芳しいことと言ったら！（作り方は120ページ）

韓国 ソウルにて

酔いどれの癒やしスープ

またやっちまった……。毎回思う。ソウルのとある路地裏で朝を迎えた僕。この街の夜は深く、朝は遅い。この街では皆が皆、記憶をなくすまで呑む（コウケンテツ調べ）。

そんな酔いどれどもが翌朝、激しい頭痛を抱えながら食べたがるのが、このスープごはん。ヘジャンクといわれる伝統的な酔い覚ましのスープの一種で、ごはんをぶち込んでがっつり食べるのが流儀。昆布と煮干しの澄んだ出汁に大豆もやしの風味がとてもよく合う。

優しいその味に、胃も心もすっかり癒やされる酔いどれの僕。

「ヘジャンク食べたからもう元気だろ？　さあ、迎い酒行くぞ！」

と旅行代理店勤務の素敵なおじさま、朴さん。アニキ、まじ勘弁してください……。

コンナムル クッパは大豆もやしのスープ。酔い覚ましに、二日酔いの朝に。
麦ごはんがどうしてもほしくなる。（作り方は 121 ページ）

香港 上環にて

その名は咸魚《ハムユイ》

香港島の西にある、上環《ションワン》は乾物街が有名。目玉はなんといっても海味《ホンメイ》。海の幸の乾物の意。とある海味の店主は言う。「いろんな乾物があるけど、ここでは咸魚が一番だな！」と。

釣り上げた魚を塩漬けで半発酵させ、その後天日干しにしたもので、鉄分・ミネラルも豊富。昔から地元の皆さんの生活を支えてきた食材らしい。実際手にとってみると、独特の発酵臭がする。世界の発酵食材フェチの僕にはたまらない香りだ。

お店の常連の趙《チョウ》さんに教わったのは、咸魚炒飯。簡単で最も美味しい咸魚料理だという。他にも蒸したり、煮たり。塩分が強いので、小さく刻んで調味料代わりに使ったり。ほぅ！これは創作意欲をかきたてられる素材ですな。

「昔はつましい食事の代名詞だったけど、最近では肉より高いのよ」と趙さん。少量の油で炒めて旨みを引き出す。加熱すると独特の香りが緩和される。必見はごはんの使い方。一晩冷蔵庫に置いたごはんをなんと水洗いし、水気をきる。こうすることでパラリとなり、咸魚の旨みをしっかり吸うのだとか。軽やかでいくらでも食べられる炒飯。日本でなら、干物で代用して作ってみよう。

所変われば品変わる。香港で咸魚を食べるたびにそう思う。パラパラのごはんと咸魚の黄金比。うちではアジの干物と鶏肉でアレンジしている。（作り方は 122 ページ）

ベトナム　ホアビンにて

定番は裏切らない

連日45℃をさす温度計。ベトナムの夏は嘘みたいに暑い。酷暑と喧騒から逃げるように、北部のホアビン郊外の村に辿り着いた。ここはムオン族の皆さんが暮らす、生い茂る木々と竹林に囲まれた、自然豊かなモーハイ村。そしてこの集落の建築様式は、なんと高床式ではないか！　ディン・ヴァン・チェウさんの風通しがよく広く快適なお家で、しばしの間涼ませていただくと、す〜っと汗がひいていく。人類の歴史上、最高の建築様式は高床式、そう確信したところでこの定番の炒めものをいただいた。

ずっしりとしたベトナムの豆腐は、大豆の風味がダイレクトに味わえる。そして買ってきた豆腐はじっくりと揚げ焼きにし、自家製厚揚げを作る。これが定番。残った油に、ヌクマムをジュワ〜ッと加えて香りをたたせるのがＰＯＩＮＴ！

「どうだ？　この香りが大事なんだ！」

濃厚な風味豆腐にヌクマムの香り、そしてトマトの酸味がよく合う。暑い暑いベトナムには、高床式とこの豆腐炒め。間違いないないな！

気温 45℃の炎天下で食べた揚げ豆腐とトマトの炒めもの。
ヌクマムの香りが肝だ。（作り方は 123 ページに）

ベトナム　ホアビンにての続き

高床式だからこその

ディン・ヴァン・チェウさんと一緒にモーハイ最大の自然の恵み、筍《たけのこ》を採りに行く。寡黙《かもく》かと思ったチェウさんは、森に入ると途端にイキイキしだした。

「筍を採ってきたら必ずマンチュア（筍の漬物）を作るんだ。漬物にすれば一年中食べられるし、発酵すると酸味が出て味もいい。一緒に作るかい？」。もちろんス！

まずは、筍を空中で削ぎ切りにし、甕《かめ》いっぱいに詰めていく。そして水を注ぐ。これで完成。3日以上たてば食べられるらしい。嘘でしょ？　ただ水注いだだけで……。

「大丈夫！　家の隅に置いておけば自然と発酵する。この漬け汁も調味料になるんだよ。漬け汁だけで肉を炒めたりする。1年以上たった汁は、蛇にかまれた時につけると薬にもなる」

ムオン族の食文化すごいぜ！　でもきっとこれは、この村の気候や、外の蒸し暑さが嘘のようにひんやりとした涼しい風が流れる高床式だからこそなせる技なんだろうな。

メンマとはまた違う、シャキッとした食感と酸味！　鶏との相性の良さは言わずもがな。さらに仕上げに炭火で焼いたハッゾーイ（ムオン族の山に自生している胡椒の強いやつ）のビリビリ感がすべてを引き立てる。豊かな自然に文化に高床式。ただただ憧れます。

カイン マン ティット ガーは鶏肉と筍の酸味スープ。筍の水煮と骨付きの鶏もも肉で作ろう。胡椒を利かせて食べる。（作り方は 123 ページ）

インドネシア　チンクリンガン村にて

強く生きるとは

ジョグジャカルタから北へ30キロメートル。聖なるムラピ山の麓にあるチンクリンガン村に2011年夏に訪れたのには訳があった。

前年10月の100年に一度の大噴火で30万人もの人々が避難し、2600世帯の人々が仮設住宅での生活を余儀なくされた。村は壊滅状態だったようで、1年が過ぎても至る所に激しい噴火の爪痕が残っていて……。微力だけど何かできることがあれば！　の一心で現地入りした。

30年以上お住いのアスリーさんは、「そうね〜、シンコンの収穫をしてもらおうかしら？」と。シンコン。キャッサバやタピオカの別名の方が伝わりやすいかも。芋の部分は蒸して主食に、葉と皮は炒めものやスープに。災害に強く、育てやすく、加工もできて捨てるところがない。

ずうっと生活を支えてくれたシンコンは希望と復興のシンボルなのだ。

「噴火は神様の力によるもの。嘆き悲しんでも仕方ない。神様に与えられた状況を受け入れて早く元に戻るように祈り、努力するだけよ」。どんな状況に置かれても、アスリーさんのように強く謙虚に、気高く生きる。そうありたいな。

地元では、シンコン（キャッサバ）の収穫時期に、新鮮な皮を炒めて作るオセンオセン。蓮根などの根菜の皮で作っても美味い。煮干しも入れる。（作り方は 124 ページ）

中国 雲南省 麗江 拉子海村にて

腕もハートも三ツ星……です

神々しくそびえ立つ玉龍雪山の麓《ふもと》に広がる麗江。その街並みの美しさから1997年、世界文化遺産に登録されたこともあって、観光客も多く訪れる。私が向かったのはその郊外の拉子《ラシ》海《カイ》村。

ここにいました！　料理の達人が！　大家族をたばねるお母さん、カキョウさんは麗江名物、涼粉《リャンフン》作りの名人として有名なお方。

農業を営む傍ら、豚も育てていらして、中国3大ハムのひとつ、雲南ハムもご家族で作られている。これがまたうまいのなんのって！　涼粉とハムはまた別の機会に語らせていただくとして、今回はカキョウさんの高菜漬けと柔らかくゆでた白いんげん豆の炒めもののお話。

ピリリとした辛み、そして十分に発酵させた時に醸し出される熟成感と独特の酸味の利いた高菜がたまらなく美味しい。それをお豆の甘みが優しく包み込む。調味料なんていらないね！という僕に「この味がわかるなら、もうあなたは私の息子よ」と嬉しいお言葉（涙）。

あと驚いたのが、お母さんの手際の良さ！　この他にチャーハン、スープ、青菜炒め、レバー炒めなどなど10品を20分ほどで仕上げた腕前は、間違いなく本物です。

「来るって事前に言ってくれてたら、もっといっぱい作ったのに～」と残念がるキュートで心優しいカキョウさん。ありがとう。料理だけでなく、たくさんのものをいただきました。

中国のお母さんたちは、漬物が発酵した旨みを味の決め手に使うのが上手い。白いんげん豆と高菜を炒めた「炒酸雲豆」も発酵の酸味がごちそう。（作り方は124ページ）

トルコ　イスタンブールにて

初トルコの初夜はいかに？

初めてのトルコ。心が浮きたった僕は夜のイスタンブール旧市街をふらふらと彷徨《さまよ》い歩き、流しの音楽家たちの奏でるサズの妖艶な音色に引き寄せられるように、港のそばのクムカプ地区に辿り着いた。地元の人だろうか、大勢の客で賑わっているお店にふらりと入ると、

「よぅ、ひとりかい？　じゃこっちきて呑めよ！」

と常連客のお兄さんが誘ってくれた。これが旅の良さ。

早速、彼が頼んでくれたのはラケルダ。鰹《かつお》や鮪《まぐろ》を塩漬けで熟成させた、名物の酒のつまみ。これに玉葱《たまねぎ》の薄切りを添えて、たっぷりのオリーブオイルを回しかけて食べる。独特の発酵感としょっぱさに、玉葱の辛み。それをオリーブオイルがマイルドに包み込む、抜群のハーモニー。

次に、お兄さん、「じゃ、ラクを呑もう」。

ラクは干し葡萄を原料とした代表的な蒸留酒。加水すると不思議なことにみるみる白濁していく。アニスのような不思議な味わいのラクがこのラケルダにはよく合う。他にたくさんのメゼ（軽食）を頼んで、まぁ呑んだ踊った（笑）。イスラム圏の国でこんなに呑める喜びを噛みしめた。最高の初夜だぜ！

今もこんな自由な空気感なのかなぁ……。

新鮮な魚を塩漬けにして熟成させるラケルダを食べ、酒を吞み、歌う。地元の男の嗜《たしな》み。今、僕は鮪の酢漬けと紫玉葱で爽やかな味にアレンジ。（作り方は125ページ）

ラオス　ルアンパバーンにて

絶対に負けられない戦い

ラオラオという度数50度を軽く超えるラオス伝統の米焼酎がある。メコン川の支流のほとり、自然豊かなサード村。山奥で自生の筍をたっぷり採ったあと、村長のサイヤックさんがこう言いながら悪戯《いたずら》っ子のような笑顔を浮かべて、自家製ラオラオを持ってきた。

「おまえ、酒強いんだってな！」

この国の飲み方の基本は、ムックチョー（一気呑み）！　その透明な悪魔は僕の消化器系すべてを焼き尽くすような強烈さだ。しかし、この挑まれた戦い。日本代表としてここは負けるわけにはいかないのだ。

胃を守るべくすぐさま蜂蜜を舐《な》め、干した水牛の肉をかじる。十数回めのムックチョーが終わったあと、薄れていく意識のなか、

「はっはっはっ！　明日の朝はチェオと蒸した糯米《もちごめ》を食おうぜ、あと酒もな！」

と叫ぶ村長の勝ち誇った声だけがかろうじて聞き取れた。チックショーッ！

蒸した糯米につけて食べる辛味噌といった存在のチェオ。悪魔の旨み、辛み。
ラオラオのぜひもの!?（作り方は125ページ）

台湾 台北にて

失意からの歓喜へ

この地域の伝統的かつ、おふくろの味的な美味しい朝ごはんを習いたい、という僕の願いを聞いた役者志望の若い陳くんは、そのよく通る声で即答した。

「無理です」と。

台湾には安くて美味しい店が多く、外食率が想像以上に高いらしい。

「そもそも僕の母は料理なんて全くやらなかったですよ」

さらに衝撃発言でたたみかけてくるミスター陳。まじか……。意気消沈する僕を笑顔で連れて行ってくれたのが、鹹豆漿《シエンドゥジャン》という塩気の利いたトロトロの豆乳スープの専門店。揚げパンを浸して食べてみると……うッうまいッ！

大豆本来の香りに塩気と酸味の、えも言われぬ複合的な深い味わいに、やさぐれかけた僕の心もトロトロに溶けていったのだった。

確かに、こんなにうまくて安いものがあれば、うちでは作らないかもね。そんな外ごはんがゴロゴロ存在する。それが台湾の食の底力なのかもしれないな。

塩豆乳スープ、鹹豆漿。外で食べる朝ごはんの代表格！　揚げパンを浸して
食べれば二日酔いも飛ぶ。（作り方は 126 ページ）

中国 雲南省 大理にて

白族《ペー》の誇り、大理生皮！

世界のいろんな街を訪れていると、国という枠組みにもはや深い意味を求めなくなる。そのことを痛烈に体験したのは雲南省の大理でのことだ。

10〜13世紀、雲南地方を統治した大理国の古都であり、25もの少数民族（コウケンテツ調べなのでちょっと不安ですが）の皆さんが独自の文化や習慣を持ちながら生活している。

大理郊外、鄧川《トウセン》の趙さん宅で衝撃の伝統料理をいただいた。

「豚の刺身!?」。世界各地で虫だの石だの木の皮だの、いろんなものを食べてきた僕もついに禁断の料理に出会った（汗っ）。恐る恐る口に運ぶと、口内の体温で淡雪のごとくとろけていく……。正直な感想を申し上げると、豚も生が一番！　なんだと実感した次第（僕は特殊な訓練を積んでいるからOKだけど、皆さんは絶対真似しないでね）。

趙さんのいとこの段さんは語る。「確かに他の民族もみんな驚くよ。この国は広く、いろんな人間が住んでいる。だけど生の豚を食べるのは我々白族だけなんだ」。

その言葉に彼らが歩んできた歴史、育んできた文化に強い自負と誇りを感じた。国？　確かに大事です。と同時に全く違った文化、言語、習慣を大切に守っている方が大勢いらっしゃる。このことこそ、守らないといけない事実なんだと感じるのだ。

豚肉の生は食べられないし、おすすめできないので、淡白だけで旨みのある白身魚で！　唐辛子と花椒のピリピリの辛みと香菜の風味が利いたタレで、「大理生皮」を食べてる気分を味わってください。（作り方は126ページ）

ブータン ブムタンにて

標高2600メートルのお蕎麦の味は？

中央ブータンの中心地ブムタン。標高が高いため稲作が難しい。金色の稲穂の代わりに咲き誇るのは、可愛らしい白やピンクの小さな花。蕎麦《そば》の花だ。

迎え入れていただいたのは、チョコルの谷（これまた可愛らしい地名）に暮らす4世代13人暮らしの大家族。家長はお母さんのフルパ・ワンモさん。ブータンでは女性が家を継ぐのも当たり前なのだ。乳搾り（何回やっても慣れない）、畑仕事などのお手伝いをして、待ちに待ったお蕎麦作り！　大阪生まれながら蕎麦派の僕。楽しみで仕方がない。蕎麦粉に小麦粉を1～2割と水を混ぜてこねていく。

そして、フルパさんが取り出してきたのは、伝統的な木製の押し出し式製麺機。シーソーのように座って体重をかけて押し出していく。にゅう～っと茶緑がかった蕎麦が出てくる。さっとゆでて水にさらす。味つけはザ・ブータン！　花椒、唐辛子、塩、青葱にたっぷりの香菜を混ぜる。仕上げにアツアツのピーナッツオイルをじゅわ～っ。たまらん香り！

ひと口食べてさらに驚き。ガツンとくる蕎麦の風味と苦み。これはニガ蕎麦やん！　しかも今まで食べたダッタン蕎麦なんて比べものにならない圧倒的な苦みと存在感。これは蕎麦つゆでは負けてしまいます。だからガツンとくるブータン式の味つけがぴったり合うのだな。

香菜と刺激的なたれをからめ、熱々のピーナツオイルをかけて食べる。蕎麦の新しい食べ方、ぜひ！（作り方は127ページ）

ベトナム　ロンアンにて

美しさと美味しさと優しさは同居する

地元の市場をフラフラ探索していると、目が釘付けになったのは10種類は超えるであろう芋の山。近づいてみると、ん？　これは山芋！　メコンデルタの北に位置するロンアンは、水と肥沃な土壌に恵まれた農業地帯。珍しいホアイ モー（紫山芋）の最大の産地だという。お店のお姉さんがパカリと割って中身を見せてくれた。おお、なんと美しくみずみずしい紫色だこと！

お店でご紹介いただいた山芋専門の生産者、チュオン・タン・ビンさんのご自宅へ。奥様のリンさんは、ゴツゴツした山芋の表面の皮をナイフであっという間に削り、スプーンを使ってすりおろしていく。僕もトライすると、「初心者にしてはなかなかね」。世界中でいつもこんな扱い（笑）。

ぶつ切りにして、ヌクマムとにんにくで下味をつけたアヒルに、紫色のトロロを加えて煮る。仕上げは塩と旨みを引き出す砂糖のみ。ただ、「仕上げにリモノフィラ（辛みと渋み）、ノコギリコリアンダー（濃厚なパクチーの味）をたっぷり入れるのがうち流よ」。これをごはんにかけていただきます。

ハァ〜、思わずため息が出ちゃう滋味溢れる、細胞が喜ぶ優しい美味しさ。仕上げのハーブはマストだね。日本では熊本の農家さんが紫山芋を生産されていたので、取り寄せて作ったよ。もちろん最高！

カイン ホアイ モーは紫山芋のすり流しスープ。滋味溢れる味がやみつきになる。好みのハーブをたっぷり入れて。（作り方は 127 ページ）

上：世界でも指折りの黒胡椒の産地、カンボジアのソムラオンチューン村の胡椒畑で昼寝。風が心地よし！
右：スリランカの中央高地に位置するヌアラエリアは紅茶の名産地。茶園でおばちゃんとお茶摘みの仕事。

マカオにて

おふくろの味は世界の味

「口を閉じてちょっとは手を動かしたら？」

マカオ料理の母として知られるその女性は、94歳とは到底思えない鮮やかな手つきと毒舌で、代表的なおふくろの味を僕に教えてくれた。マカオのシェフは畏敬の念を込めて彼女をこう呼ぶ。「ゴッドマザー」と。

ポルトガルのオリーブオイル、インドのスパイス、中国の醤油を使って中華鍋で作る。東西の多様な文化を融合させたマカオの歴史が生んだ、素朴ながらも究極の家庭料理。堪能しながら大航海時代に想いを馳せてみた。まさに世界の味だ。

94歳のゴッドマザーに教わったミンチごはん。大航海時代から続くじゃがいもの食べ方らしい。（作り方は128ページ）

カンボジア トンレサップにて

その名はプラホック

100万もの人が暮らす、世界最大の水上集落、カンボジアはトンレサップ湖。家も学校も畑も郵便局もスーパーも、湖に浮かぶ大きな筏《いかだ》の上。すべてが湖の上にある。

クパール・タオ村の村長さんの奥様のハーチファンさんご自慢の自家製プラホックは、目の前の湖で獲れた魚を発酵させたものだ。魚の種類や発酵具合が違うものをなんと10種類以上常備しており、料理によって使い分ける。カンボジア料理の魂といわれ、日本の味噌のような立ち位置で、いろんな料理に使う。激烈な発酵臭がするが、これが慣れるとやみつきになるのだ。

ハーチファンさんが、熱湯で溶いたプラホックを少しずつトロークーン（湖に自生している巨大な空芯菜のような野菜）にからめ、獲れたての小海老、湖で育ったハーブをどっさり、なんと8種類！ 世界でも有数の漁獲量を誇るトンレサップは、魚ばかりでなく豊富な野菜も育ててくれるという。ハーブにプリプリの海老《えび》にプラホックの発酵&熟成感がたまらん！ タマリンドとライムの酸味もナイス。

「湖がくれる自然の恵みの味よ」とハーチファンさん。お料理も最高だけど、真夜中に小さな手漕ぎ船から見た、美しい満月も忘れられないな。トンレサップに豊かな湖の暮らしがありました。

ニョアム コンプッは小海老とハーブのサラダ。味つけの肝であるプラホックの代わりは魚の塩辛で。（作り方は129ページ）

ラオス　ルアンパバーンにて

心も味もＨＯＴ！

朝もやが立ち込めるなか、オレンジ色の僧衣をまとい、大きな鉢を抱えて歩く僧侶たちの托《たく》鉢《はつ》の列。その傍らには蒸したもち米、おかずなどの食べ物を喜捨するために正座して待ち受ける敬虔《けいけん》な仏教徒たち。１９９５年に世界文化遺産に登録された古都ルアンパバーンの、朝５時の日常的な風景だ。

カムダさんの息子さんも出家して3年が経つ。毎朝4時前に起きて薪をくべ、もち米を蒸すところから彼女の１日が始まる。

「蒸したての一番美味しいお米をお坊さんに食べてもらうのよ」

毎朝、家の前で喜捨をし、そのあと息子さんが修行している近くの寺院におかずやスープを2品ほど持っていく。

所有欲の否定、そして修行に専念するため、僧侶は料理をすることを戒律で禁じられている。だから彼女のような信者たちが、僧侶を、寺院を、社会を支えているのだ。事実、ラオスには食べ物は皆でシェアするという考え方が根本にあり、尊い行為とされている。

「今日はね、息子の大好きな料理を持っていくの」

と言って、トムチェオパーの作り方を教えてくれた。直接、我が子と話はできないけれど、美味しく食べてくれているのを想像しながら心を込めて作るのだと言う。ただ作る、食べるだけではない、ラオスの食の深さ。カムダさんのＨＯＴなスープのおかげで体感することができました。

好みの魚を香味野菜と煮るトムチェオパー。味つけは塩だけ。なのにとっても深い味がする。（作り方は 130 ページ）

マレーシア　イポーにて

違いを知って受け入れること

　多民族国家であるマレーシアでは、もちろん民族を超えて結婚する方も多い。実際、イポー在住のハビパさんのお子さんたちも国際結婚をし、海外で暮らしているという。陽気なハビパさんはマレー系、寡黙な夫のタンさんは広東省から移住してきた中国系。

「だから私たちは普通のイスラム教徒の夫婦とは少し違うのよ。生活習慣もそうだけど、一番の問題はやっぱり毎日の食事ね」

　文化や宗教の違いは、ダイレクトに日々の食生活に影響する。ではどのように食事の問題を解消されているのだろう？

　タンさんは中国系にもかかわらず、ムスリムの妻のために豚肉をいっさい食べない。ハビパさんはイスラム教の戒律で許可されたハラールフードのみで、夫のために中国料理を作る。ここで大切なのは、相手に対する配慮。お互いの違いを理解した上でお互いをリスペクトすることだと言う。あとは美味しいものさえあればどんな問題も解決よ！　と彼女は笑う。

　多民族国家でありながら、穏やかに異文化共生がなされているマレーシア。蒸し鶏にもやしのソースというマレーならではの、異食材融合的かつ美味しい料理をいただきながら、その秘訣の一端を知れた気がした夜だった。

イポーの名物は、蒸し鶏肉のもやしソースがけ、アヤム タオゲイ。醤油と
胡麻油の香りが実にいい！（作り方は 131 ページ）

タイヤユタヤにて

嬉しいような悲しいような

出会わなければよかった。知らなければよかった。そんな風に思った経験はないだろうか？

タイには幾度となく訪れているので、僕はこの名物料理に関しては熟知していたはずだった。アユタヤに行くまでは……。

川海老漁50年の大ベテラン、ソムサックさんは釣り上げたばかりの巨大な青い手を持つ青手長海老を掲げてこう言った。「こいつはアユタヤの宝だ」と。北海道日高の銀聖、富山県氷見《ひみ》の寒鰤《かんぶり》や玄界灘の鯇《あら》が格別であるように、この川海老のうまさたるや！

私はこうして本物の春雨蒸しに出会ってしまった。そこに行かねばわからない。だけど知ってしまったらもう他所《よそ》では……。ソムサックさん、責任取ってまた漁に連れて行ってくださいよー！

アユタヤで出会ったオニテナガエビのうまさたるや！　一生に一度の味ってあるんですね。だけど、僕がアレンジしたレシピもなかなかですよ。（作り方は131ページ）

ウズベキスタン　サマルカンドにて

世界一のナンと世界一のマントゥ

「うまい！　うまい！　最高！　最高！」。マントゥ職人のシャウカットさんは、僕に熱血指導して作ってくれたマントゥを手に持って頬張り、ウオッカをガブ呑みしながら「最高！」を連発する。

奥様のムスタカムさんは、サマルカンド・ナン作り26年の名人。1日でもパンを作らないと、体の調子が悪くなるくらいナン作りが大好きだと言う。作り始める前には必ずお祈りをする。

「謙虚な気持ちと、サマルカンドの水と空気がナンを美味しくするのよ」

ここは、「青の都」と称されるシルクロードの古都サマルカンド。抜けるような青い空に、競い合うような青いドーム。そして太陽に照らされて煌《きら》めく青いタイル。忘れることのできない美しさ……。

シャウカットさんのマントゥは、つるんとした喉越しと、クミンが利いた餡《あん》との調和が素晴らしい。ムスタカムさんのナンは、艶やかな表面にパリパリフワフワ。あまりにうますぎるっ！今まで食べてきたなかで世界一を同時にいただいちゃいました。お二人が積み重ねてきた経験、技術を1日に同時に教えていただけたなんて、身に余る光栄です、と感激する僕に、「いい弟子だな、お前は！」と涙のお別れ……。お二人の温かさ、謙虚さと世界一のお料理こそ、一生忘れられないです。

ウズベク式蒸し餃子、マントゥ。クミンシードが利いた牛肉の餡が実に合う。
つるんとした喉越しでいくらでも食べられる。（作り方は 132 ページ）

台湾 東港にて

美味しさの秘密は調味料にあらず

台南最大の漁業基地、東港。鮪の水揚げ量は世界トップクラス。明け方から競りで賑わう。優れた目利きの仲卸《なかおろし》さんたちのお目当てはやはり鮪。

特にフィリピン沖で獲れる黒鮪は絶品だという。主な輸出先は香港。近年は台湾内の消費量も多く、日本へ来るのはせいぜい2割ほどで、しかも年々減少しているらしい。世界中の人々が鮪の美味しさを知ってしまったということなんですね。和食が世界に伝わることは素晴らしいけど、日本に鮪が入ってこないのも困るぜ……。

市場の近くで魚屋を営む呉さん。高級な鮪は同業の仲間と1本丸ごと購入。その場で解体して皆で分ける。余った鮪でこの地域ならではの料理を教えてくれた。

ぶつ切りのアラと太い中骨を台湾高菜の一種、クァツァイの古漬けと一緒に煮るだけの、塩も醤油も何の味つけもしないシンプルなスープ。なのに超絶のうまさ! 酸味がグッと利いたクァツァイの発酵感とアラの旨みがスープの奥行きをさらに深める。

「このスープでごはんを何杯も食べられるのよ」

と呉さんのお母様。こんな風に日本各地の漬物をうまく料理に取り入れてみるのも、面白いかも。

なんとなく野沢菜に似ていると思うクァツァイを、鮪のアラと煮て具だくさんスープに。調味料要らず。（作り方は 133 ページ）

フィリピン ヌエヴァ・エシハにて

コーヒー豆じゃないコーヒー

使い古された陶器のマグカップになみなみと注《つ》がれた深い濃褐色の液体は、まさにコーヒーそのもの。しかし、ゆらゆらと立ちのぼる湯気の香りを嗅《か》ぐと、コーヒーではないその正体がはっきりとわかった。

マニラから車で北へ4時間。ヌエヴァ・エシハ州はフィリピン有数の米どころ。この地域では道路に直接、籾《もみ》を蒔《ま》いて天日干しにする習慣がある。

「日光とアスファルトの熱で乾燥させているのよ」

と、その籾を育てた田んぼの持ち主のアナベラさんが教えてくれた。フィリピンのお米事情を根掘り葉掘り聞く僕に、じゃあ、コーヒーでもどう？ と目の前の自宅に招待してくれた。これで作るのよ、と見せてくれたのは精米したお米。えっ⁉ お米で作るの⁉

鉄のフライパンで、お米をひたすら丁寧に混ぜながら焦げる直前まで煎《い》ると、独特の香りが、不思議とコーヒー豆に近づいていってる？ そのあとじっくり煮出したものが自家製ライスコーヒー。たっぷりの砂糖でいただく。

ずずず〜っとすすると深煎りのお米の香ばしさが鼻に抜ける。コーヒー通からするとちょいと物足りない味かもしれないが、お米の産地だからこそ発明された、ここならではのコーヒーになんだか懐かしさを感じたのは、やはり同じ米文化の人間だからかな？

世界にはあまたのコーヒーの種類があるが、ライスコーヒーは初めて飲んだ。
芳《かぐわ》しく、健康に良いし、ありだね。（作り方は 133 ページ）

トルコ　トラブゾンにて

男と魚とトラブゾンスポル

「何⁉　烏賊《いか》とか海老なんて黒海では獲れない。食いたいなら、イスタンブールにでも行けよ！」。ここは東黒海沿岸の港町、トラブゾン。夕方の魚市場はなぜか荒ぶる男たちで溢れかえっている。

「魚を売るのも買うのもここでは男の仕事さ。おいお前さ、魚買わないのなら、俺たちのチームの応援歌を歌えよ！」。フットボールチームの名門「トラブゾンスポル」が地元の男たちの生きがい。気がつけば、店の客も20人ほどが輪になって大合唱（笑）。最後は勝利を祈ってサヨナラする。これがこの街の流儀。お前気に入ったからこれやるよ、とチームのマフラーをくれた。

その晩、もらったマフラーを巻いたまま、隣街のアクチャバットの小さなお店でビールをしこたま飲んでいたら、「みろよ！　こいつオレたちの同志だぜ！　一杯おごるぜ」。しかも黒海で毎日漁をしているという漁師のトゥルカイさんを紹介してもらった。なんて気持ちの良い男たち、街なんだろう。

翌日、朝獲ったばかりのメズキット（小型の鱈《たら》）で奥様のセヘルさんがささっと作ってくれたのがこのブーラマ。メズキットから出た出汁とトマトサルチャが最高にギュゼル（美味しい）だぜ。

「そうそう！　今日はビッグゲームがあるんだ。一緒に観るか⁉」これぞトラブゾン魂（笑）。

メズキットと卵の代わりに鱈と白子を並べ、玉葱やトマトを載せて蒸し煮にするブーラマ。隠し味はトルコ料理に欠かせない発酵調味料トマトサルチャ。
（作り方は 134 ページ）

タイ　バンコクにて

都会のど真ん中にすごい野菜がありました

バンコクのラップラオ市場はなんと24時間営業。一日中新鮮な食材が手に入るので、地元の皆さんだけでなく、プロの方も多く利用するらしい。

いろんな素材を物色していると、濃いグリーンの珍しい野菜を発見。手にとってしげしげと眺める僕に、「それ、トゲがあるから気をつけなさいよ」と、家族の晩ごはんの買い出しに来ていたカヌンニットさんが声をかけてくれた。「これはチャオム。香りは独特だけど、味は濃くておいしいのよ」。

ゆでてタレにつけて食べたり、卵焼きにしてスープに入れたりするらしい。あのぉ、ぜひ見せていただきたいのですが……と恐る恐るお願いすると快諾してくださった。タイの皆さんは本当に優しい。

トゲをとって先の柔らかい葉だけを摘み、卵を混ぜてこんがりと焼く。食べやすく切っていただくと、味つけは何もしていないのに、ハーブとマッシュルームを合わせたような濃厚な香りと味。チャオムすごいぜ。この卵焼きを、なんとプラーチョン（雷魚）と唐辛子ペーストのスープに具として加えるのも美味。辛み、甘み、酸味がバランスよく利いたスープとよく合う！このスープの作り方がまた面白く（ゲーンソム　チャオム　カイ　トートという）、機会があったら紹介したいな。

見た目はさっぱり、シンプルに見えるが、濃緑色の野菜チャオムが濃厚な香りを放つ卵焼き。（作り方は134ページ）

ウズベキスタン　グザルにて

憧れとリアル

「しっかり押さえておけよ」。ラヒームはそう言って、僕が世話して可愛がっていた子羊の首にナイフをそっとあてがった……。

ウズベキスタンの南東部、カシュカダリヤ州はグザル。砂漠の町の羊飼いの仕事は、憧れていたかのアルプスのそれとは著しくかけ離れていた。激しく舞い上がる砂埃のせいで、5分もしないうちに毛という毛が真っ白になり、乾燥と照りつける太陽の熱が容赦なく気力と体力を奪う……。

ラヒームはまるでオーケストラの指揮者のように優雅にナイフを躍らせ、羊をあっという間に解体していく。命の重みとは？　働くとは？　生きるとは？

いや、そういうことは、今は、考えないでおこう……。とにかくこのスパイスの利いたタンドールケバブは、世界最高の肉料理で、ウオッカはちびちび飲まずに一気に飲み干すべし！

これが現地の男たちにとっての唯一無二のリアルなんだ。

いろんな意味で世界最高の肉料理だと思う、グザルのタンドールケバブ。喰らいついたら、ウオッカを一気に飲み干すべし。（作り方は135ページ）

ネパール　ラクリバンジャンにて

鉄のルール

「すまないが、君をキッチンに入れるわけにはいかないんだよ」

仕事を引退して、今はきのこと野菜作りと料理に生きがいを見出しているというマドゥアンさんは申し訳なさそうに、というよりはむしろ威厳をもってそう僕に言った。「Ｗｈｙ　ｎｏｔ⁉」。想定外の出来事に戸惑う僕に、「バフン（ブラーマン）にとってキッチンは神聖な領域だから、我々以外が立ち入るのは絶対ダメ！」と説明してくれた。ネパールにもカーストがあり、バフンとはインドでいうところのバラモンに当たるといわれている。「でもせっかくわざわざ来てくれたのだから、今日は外で料理しましょう」と素敵な提案もしてくれたが、しかし！　喜んだのもつかの間、「ここに線を引くから、入ったらダメだよ。そこから見るだけね」。

まじか！　アジアに行くと日本の常識が通用しないことも多く、そんなことはとうに織り込み済みの僕なのだが……これには驚いた。

うろたえる日本から来た料理人をよそに、手際よく自家製のハウスで栽培したきのこを裂いていく。「どうだ！　裂くと香りがいいだろ！　スパイスともよく合うんだよ」と、白髪を振り乱しながら力説するマドゥアンさん。その芳《かぐわ》しいであろう香りは僕の鼻まで届かないが、きのこを裂く技だけは有難く頂戴した。

バフンの神聖な台所で作られる、チャウ コ タルカリ。この、きのこのスパイス煮がベジタリアンも多いネパールの人々の毎日を支えている。（作り方は135ページ）

中国 雲南省 大理にて

救済の味は?

その昔。都から逃れてきた皇帝がこの料理を食べた時に発した言葉、「大救駕!」(大いに救われた!)は、そのまま料理名になった。

ほお。面白い。究極の料理とは? とよく聞かれるし、自ら考えたりもする。生命の危機に瀕し、追っ手から辛くも逃れ、自分やその周りの人々の安全を確保できた。そんな時、人はまずごはんを食べるのだろう。そのひと口目は、いったいどんな味!? 味を超える味。皇帝はまさしく救済されたような気分になったのかもしれない。これぞ究極の料理なのかな? と想いを馳せる。

この大救駕は雲南省大理の名物料理。雲南省の大理周辺は気候が温暖で、米や野菜が豊富なため、素材の加工品作りも盛んだ。なかでも米の加工品は独特である。

餌塊《アルカイ》は大理の特産品。蒸した米を潰して練って加工すると、もっちりとした独特の食感になる。その餌塊を薄切りにし、これまた美味の雲南ハム、野菜とともに炒めると……まさに救われたような究極の味になる……(はず)(笑)。

今回は豆腐と豚肉で代用したが、よく考えたら韓国のトックがあったな、と。これは迂闊《うかつ》だった。でも、豆腐でもうまい!

料理名は、炒め餌塊。餌塊は簡単に言えば米（うるち米）をついて塊にしたものだ。僕は豆腐で作っているが、十分に美味しい。（作り方は136ページ）

ベトナム　ハイズオンにて

母の愛も味噌の味も深し

ハイフォンから東へ車で1時間ほど行くと、北部名物の味噌の産地、ヴァン村に到着。大きな甕にもち米麹《こうじ》、砕いた大豆、海塩と水を加えてよく混ぜる。日光に当てて夏は1カ月、冬は4カ月以上熟成させると、麹の甘みが光る、さらりとしながらも濃厚な味の味噌ができる。ベトナム各地でいろんな味噌を食べたが、やはりどんな料理にも合う、シンプルなヴァン村のが一番うまいな。

隣町のハイズオンでご夫婦で電気屋さんを営む2児の母、グエン・ティ・マイさんは、ゆで野菜につけて食べたり、カエルを炒めたり、豆腐のスープによく使うそうだ。でも南部ホーチミン郊外の大学に在学中の息子さんが大好きな料理のひとつ、このカーコーが最もヴァン村のお味噌が活きるのだと。丁寧に調理しながら、マイさんの想いは遠く離れた息子さんのことへ。「北部と南部では料理の味が全然違うの。息子は南部の味になれなくて。息子の好きな料理を作るたびに、会いたくて会いたくて……」と言いながら頬にはキラリと光る一筋の涙が。こちらも思わずうるうる。

この時の旅の最終目的地はホーチミンだったから、息子さんのチュンさんにヴァン村の味噌を届けて、北部風のお料理を作る約束をした。この結末は……どこで語ろうかしら?

ベトナム北部の“おふくろの味”カーコーは、もち米麹と大豆、海塩と水を発酵させた味噌が決め手。僕は鯛の切り身と高菜でアレンジしている。（作り方は137ページ）

韓国 済州島にて

香りの記憶

その店はすごく小さかった。脚がガタついているテーブルが二つと、4人座るとかなり窮屈な小上がりがあるだけのお店。そこに吸い寄せられるように足を運んだのは、懐かしい香りを感じたからだ。

モン（ホンダワラ）だ！ 思わずそう叫んだ僕に、お店のおばあちゃんは、かなり強い済州《チェジュ》島《ド》なまりで、

「食べてく？ 食べない？ どっち!?」。済州島は「風と母性が強い」ことで有名（コウケンテツ調べ）。

もちろんいただきますよ〜！ モンの独特の芳しい磯の香りと、豚肉の旨みが絶妙なハーモニーを醸し出すこのスープをひと口すすった時、子ども時代の記憶が一気に頭を駆け巡った。

モンクッは僕のおばあちゃんの、母の、そして僕のルーツそのものだったんだ。

僕のおばあちゃん、母……、僕の舌の基本の味「モンクッ」。
酸いも甘いも苦いも辛いも、ぜんぶが詰まった我が家の味。
最近はホンダワラの代わりにヒジキで作っているがこれも
美味しいです。(作り方は 138 ページ)

香港 香港仔にて

船上生活の誇りの蒸し魚

「おれはこの味で育ったんだ」

香港仔《ジャイ》の生鮮業組合を取り仕切る李さんは、そう言った。

かつてこの地域で船上生活を送っていた李さん。沖合で漁をし、船上で捌いて塩をまぶしそのまま干す。潮風のおかげで、港に帰る頃には最高の半干し状態になるという。

「あとは山盛りの生姜さえあれば完璧だ」

今は陸に上がって成功し、生活も豊かになった。昔はこれしか食べられなかったけど、やっぱりおれはこの味が一番なんだよ、そう語る李さんの表情は誇らしげだった。海の男の歴史が詰まった味。食べながら泣けてくるのはきっと潮風のせいだな。

鰯《いわし》の生姜蒸し。味つけは生姜と酒と塩。シンプル・イズ・ベスト。海の男の味。（作り方は139ページ）

トルコ　チャムルヘムシンにて

ユヌスさんの想い

紅茶農家のユヌスさんは、山々に囲まれた緑溢れるグワント村に生まれ育った。若い頃、海外生活も長く経験され、ある時この村に戻り、木材やレンガなどを運び、自力で自宅を再建した。

ユヌスさんはラズ人。ラズ人は昔から東黒海沿岸に住む人たちで、ラズ語を話し、独自の文化を持つ。遊牧、紅茶栽培、伝統的な暮らしをされている。活発な姪っ子のハティジ、アイシェの民族衣装は原色がベース。華やかな彩りで美しく、一面に広がる鮮やかなグリーンの茶畑に入るとひときわ映える。

オレンジの屋根と漆喰《しっくい》（？）でできた白壁の可愛らしい村の共同水車小屋で、乾燥とうもろこしを挽き、パンを焼く。自家製バターとカシャールチーズで作ったムフラマ、自家製蜂蜜と、もちろん自家製チャイでいただく。「ここは伝統が息づいていますね」と言う僕に、ユヌスさんは静かにこう言った。

「ラズにはこんなことわざがある。『お金を稼いだ場所ではなく、生まれ育った場所が一番だ』。鳥が巣に帰るように、人は必ず生まれ故郷に帰ってくる。でもそこに我々の文化、言葉、伝統がなくなっていたら？　わたしは下の世代に伝える責務があるのだよ」。いまだにこの言葉を思い出す。ラズの皆さんが置かれている現状を見聞きもした……。僕自身はいったい何を伝えられるのだろうか。

牛乳から作るカシャールチーズに水とバターを加えて強火で煮溶かすムフラマ。チャイとパンがよく合う。好みのナチュラルチーズで作ってみて。（作り方は139ページ）

スリランカ　ヌワラエリアにて

標高2000メートルのロミオとジュリエット

スリランカで最も歴史がある紅茶の産地、標高1800〜2200mに位置するヌワラエリア。そこの大きな茶園で働く、シンハラ人の夫プシュパクマーラさんと、タミル人の奥様マヘシェワリーさん。周囲の猛反対を押し切って結婚されたご夫婦だ。なぜ反対されたかって？

1980年代から分離独立運動を巡って総人口の7割を占めるシンハラと2割弱のタミルが対立。2009年の5月の内戦終結まで戦闘が続いたという歴史がある。そんな内戦の最中にお二人は結ばれたのだ。お母さんは言う。「それはとんでもないことよって家族総出で反対したわよ。でもね、熱意がすごかったし、二人のためを思って最後は許しました」。

そんなご家庭の夜ごはんは、両家の味が見事にミックスされた食卓。シンハラ・タミル共通のインディアッパ。シンハラ料理のビッタラウェンジャナはスープたっぷりのタミル風に。他の家庭ではありえない組み合わせらしいが、「美味しければいいのよ！」と茶目っ気たっぷりに笑うお母さん。

仲睦まじい若きご夫婦は、「家族がこうやって同じ時間に笑ってごはんを食べられることが何よりも嬉しく、幸せなんだ」。ヌワラエリアのロミオとジュリエットはハッピーエンドになりそうだね♡

舌を噛みそうな料理名、インディアッパ ビッタラ ウェンジャナはスープたっぷりのタミル風ビーフン。インディアッパはスリランカの主食で、米粉の蒸し麺のこと。（作り方は140ページ）

カンボジア　コンポントムにて

The Best！

これを超える組み合わせはないな……。心からそう思った。カンボジアの中西部コンポントムのはずれの、大自然に恵まれた小さな村。地元のカエル捕り名人の奥様であるチョアンさんは、村一番の料理上手として有名だ。

「カエルとたっぷりのレモングラスは最高よ。他のお肉なんて目じゃないんだから」

と笑い飛ばしながら、カエルをどん！　と豪快にぶつ切りにしていく。たっぷりの香り高いレモングラスに、獲れたての新鮮でぷりっぷりの食感のカエル。たまらない！

それ以降、一番相性のよい食材は？　組み合わせは？　と聞かれると、僕は嬉々としてチョアンさんと同じセリフを言うことにしている。

地元の人が大好きなカエルの炒めもの、チャー コンカエップ コル スラック レイ。カエルとレモングラスはベストな相性、の言葉を信じて食べたら、確かに！　鶏肉で作っても美味。（作り方は 141 ページ）

トルコ　クムカレ村にて

トルコ料理の魂、サルチャ

その丘からは、辺り一面に広がる赤と緑のトマト畑に、キラキラ輝くエーゲ海が一望できる。食べると誰もが好きになるベヤズ・ペイニル（白チーズ）の産地で有名なチャナッカレ郊外の、農業のさかんなクムカレ村で、僕はサルチャに出会った。

大鍋に自家製トマトを山盛りに放り込んで煮て潰し、塩を加えてペーストにする。これが、たったひと匙《さじ》で料理が生まれ変わる究極の万能調味料、サルチャだ。

「サルチャを使った最高の料理をいろいろ教えてあげるわ」

と、いんげん豆にたっぷりのオリーブオイルを注いで煮始めたトマト農家のお母さん、ジャーヒデさん。トマトの旨みをさらに凝縮した煮汁と、いんげん豆の甘みが合うこと合うこと！

「そんなに美味しいのなら、ここで家族と住んで日本でサルチャを売りなさいよ！」

料理の腕だけでなく、商才もあるんスね、ジャーヒデさん。第二の人生はサルチャに賭けてみるか⁉

限りなくエーゲ海に近い小さな村でご馳走になった、サルチャを使った白いんげん豆のトマト煮込み。豆の滋味と甘みが体に染み渡った。（作り方は142ページ）

ブータン ティンプーにて

辛いはうまい

その発想はなかった……。唐辛子をチーズで煮る！ という。

ブータンの環境は厳しい。標高は何千メートル級、昼夜の温度差は20℃以上。そんな土地で牛の世話や農作業をするとどうなるか？ みるみるうちに体力を消耗して、心からこう思う。「もっとカロリーをっ！（ゲーテ風に）」と。

そんな時にはブータン特有のパラリとした赤米と、このエマダツィをかき込むに限る。

ブータン料理は世界一辛いといわれる。それは違うね。こんな五臓六腑に沁み渡るような奥行きのある辛みを僕は味わったことがない。

辛いはうまい、うまいは辛い。これがブータン料理の神髄だな、きっと。

料理名はエマダツィ。唐辛子をチーズで煮る。初めて口にした時はあまりの辛さに時が止まった。（作り方は 143 ページ）

フィリピン　バナウエにて

ジャニさんの苦悩

「天国への階段」と呼ばれる世界遺産の美しい棚田が、フィリピン北部のバナウエにある。そこで2000年もの間、ずっと同じ手法で米作りをしているイフガオ族のご家族がいる。

急斜面の棚田に沿うように建つ小さな小屋に12人家族の暮らし。一家を支えるのは、お父さんのジャニさんと、持病があるお母さんの代わりを務める長女のサリーンに、次女アンベット。娘二人の将来の夢は、大学に行ってマニラで事務の仕事をすること。そんな大家族の空腹を満たすのがキャベツ炒めだ。棚田で収穫した米を山の湧き水で炊いたごはんにこの料理をかけて食べる。インディカ米ではなくジャワニカ米。香りが強く、ふっくらした粒が塩気の効いたキャベツをマイルドに包み込んでくれる。農作業に疲れた体に旨みが染み渡る。ただただうまい。

アンベットが大量のキャベツを器用に空中で削ぐように切って、大鍋へそのまま放り込む。後は薪の火でじっくり時間をかけて炒めていくだけ。毎日おんなじこの炒めものを作り、食べる。

「私が、この田んぼを売って出稼ぎに行けば、この子たちを学校へ行かせてやれるかもしれない。でも私の代で先祖から受け継いだ田んぼを絶やすわけにはいかないんだ」。ジャニさんは半ば無念そうに、半ば誇らしげにそう語ってくれた。

生きること。暮らすこと。食べること。それぞれイコールではないけれど、切り離すこともできない。ではどう生きていけばいい？　いまだにこのご家族のことを思い出す。チビたちは立派に成長してるかな。みんなどうかお元気で暮らせていますように。

僕のアジアの旅めしの原点といえる一皿。普段はキャベツのみ。豚肉入りのレシピは、お別れの日に特別に作ってくれたものだ。（作り方は 143 ページ）

韓国 クムサンにて

雨の日のジョン

韓国の朝鮮人参の8割を生産する一大産地、クムサン。朝鮮人参農家のキム・チュンジョンさんは、人参の種を蒔くまでに2年以上かけて畑の土作りをしなければならない、と言う。「年に20回以上栄養を与えて耕す必要がある。土作りがとにかく大変なんだよ。朝鮮人参が育つには4年は必要だから、合わせて6～7年はかかるかなぁ」。そ、そんなにかかるのですね！

畑の作業が終わり、奥様が経営している民宿へ。「雨が降ってきたからプチュジョン（韓国のにら焼き。チヂミと同義）でもどう？」と奥様。たっぷりの葱を生地にからめ、たっぷりの油でじっくり焼いていく。鉄板でパチパチと焼くその音が心地いい。これがシトシト降って屋根に当たる雨音とシンクロする。あれ？ 懐かしい音と香りがする……。

子どもの頃。ウトウトする夕方。パチパチ、シトシトする音でふと目を覚ます。雨音？ 何かを焼く音？ 芳しい香りで、母がチヂミを焼いていると確信する。韓国では「雨の日にはジョン（チヂミ）」という。チヂミを焼く音と雨音が似ている、雨だから買い物に行かなくても調理できる、など諸説あるが、とにかく雨の日にチヂミを焼きたくなるのは、文化、習慣を超えたDNAなのかな？

たっぷりのにらと葱があればいい！　にらのジョン（チヂミ）。酢醤油と白胡麻でどうぞ！（作り方は 144 ページ）

スリランカ　アンバランゴダにて

差異と価値

　スリランカの最大都市コロンボから車で2時間。エメラルドグリーンの海が美しい港町アンバランゴダの市場で、私はある食材に目を奪われた。なんと！　鰹節《かつおぶし》!?

　公用語のシンハラ語でウンバラカダというこの鰹節は、スリランカ料理になくてはならない大切なものだ。地元の漁師さんのお母さん、シリマさんに作り方を教えていただいた。「これがないと作れないのよ」と取り出したのはゴラカというスパイス。これはマンゴスチンの仲間であるガルシニアを発酵させたもので、甘酸っぱい味が特徴。魚の臭み取りとしてよく用い、その酸味によって保存の効果をもたらす。

　鍋にたっぷりのゴラカ、塩、さばいた鰹を入れて煮る。取り出して灰をまぶして2週間の天日干し。驚くほど簡単だ。これを独特の石臼《いしうす》で細かく叩いてつぶすことで旨みが増し、このアッラテンプラードワのように具として、調味料として使う。

　日本の鰹節ほど繊細ではないが、濃厚な旨みを凝縮させた肉感のあるウンバラカダは食べ応えが出て、これまたうまい。同じなんだけど違いがある。その違いが逆にお互いの良さを照らす。こんな発見、出会いがあるから食の旅は面白いんだな。

料理名はアッラ テンプラードワ。アッラはじゃがいも。テンプラードワは、多めの油で炒めるという意味。ポルトガルから伝わった調理法らしい。これも日本の天ぷらと通じるものがある。(作り方は 145 ページ)

スリランカのアンバランゴダにての続き

ミティ・キリとディヤ・キリ

「ココナッツミルクは鮮度が命よ。使う直前に削らないとダメ！」とシリマさん。え？　削る？　彼女は半分に割ったココナッツの真っ白な胚乳を、専用の器具の刃に当てて、ガリガリと削っていく。その素早いこと！　ものの数分でココナッツ削りが完了。僕もやらせてもらうと、10分経過しても半分すら削れていない。「私ね、地元のココナッツ削り大会のチャンピオンなの」と誇らしげな表情。納得です(笑)。

美しくシュレッドされた胚乳に水を加えてぎゅう〜っと搾り、濾す。それが「ミティ・キリ」（一番搾りの濃いココナッツミルク）。残ったものに再度水を加えて搾ったのが「ディヤ・キリ」（二番搾りの薄いミルク）。わざわざ手間をかけて作るのには実は深い意味がある。

まずはディヤ・キリでパリップのメイン食材のレンズ豆とスパイス、ランペ（パンダンリーフ）とカラピンチャ（カレーリーフ）を煮る。そして最後にミティ・キリを加えて、濃厚かつ香り高く仕上げるのが美味しさの秘訣！　これが本場のココナッツミルクの使い方！　これがまた衝撃の美味しさ！

「追い鰹」ならぬ「追いココナッツミルク」。このパリップの風味を知ってしまうと缶詰のじゃ全然満足できないよ、シリマさん……。

レンズ豆をターメリックなど幾種類かのハーブとココナッツミルクと合わせて煮るパリップ。“追いココナッツミルク”が決め手。（作り方は146ページ）

シンガポールにて

家族で初めての海外旅行の味は

これは、ごくごくプライベートなお話です。小学3年（当時）の長男の夏休みの最終週に我が家的にはビッグなイベントがありました。それは、初めて家族5人揃っての3泊4日の家族旅行。行き先はシンガポール！

アジアの旅の達人を自認する僕が案内するということもあり、某地区の超有名&高級ホテルに到着した際、我がファミリーのテンションはMAXに。その時は、その後に直面する悲劇など知る由もなかったのです……。

現地での初めてのごはんは、地元の有名店が多く出店しているフードコートにて、シンガポールチキンライスをチョイス。我が家の夕食でも作る定番メニューですが、びっくりしたのが1歳になったばかりの末娘がモリモリ食べること、食べること！　さすがはコウケンテツの娘だな、なんて感心したりして。楽しい初日を過ごしました。

しかし、翌日、子どもがお目当ての動物園ではしゃいでいると、私の体調がみるみるおかしくなってきて……。そのまま別のホテルに移動し、チェックインしてからは、帰国するまで私がその部屋のベッドから起き上がることは一度もなく……。

アジアの旅で〝鉄人〟と言われた私の、残念な初の家族海外旅行。子どもたちの心配そうな、かつ哀れむような視線がいまだに脳裏に焼きついております。ですが、シンガポールチキンライスはうまかった、です。

シンガポールチキンライスはシンガポールの国民食。近頃は日本にも専門店ができる人気食。自分で作ると格別かも！（作り方は147ページ）

ネパール　カトマンズにて

The Universe！

中央には山盛りごはん。その周りにはタルカリ（旬の野菜のスパイシーなおかず）にサーグ（青菜炒め）に、アチャール（漬物）。その完璧な配列は、まるで太陽を取り巻く惑星感を醸し出していた。この一皿の名前はダルバート。

ごはんに熱々のダル（豆のスープ）をぶっかけ、それぞれのおかずを少しずつ加えて手で混ぜながらいただく。なにひとつ欠けてもいけない絶妙な味のバランスに、ひと口食べた僕は思わずこう呟《つぶや》いた。「まさに宇宙……」と。

ご家族でダルバート専門店を営むパンデさん。地元のドライバーさんたちに評判の人気店だという。日本のラーメン屋さんに通ずるところがあるね。美味しさの秘訣は、新鮮な野菜を毎日農家さんから調達すること、だそう。どおりでタルカリやサーグがうまいわけだ。

ネパールの多くの人々は1日に2回この国民食ダルバートを食べ、そしてたくさん祈る。今日はこのタルカリを作り、心を込めて祈ろう。２０１５年4月25日の大地震の傷痕からまだ癒えていないネパールのために。

幾種類ものスパイスとハーブが芳しい、料理の名はタルカリ。野菜どうしの旨みが混ざり合っていい味を醸してくれる。（作り方は148ページ）

ウズベキスタン　ヒヴァにて

夏が来れば思い出す

砂漠に囲まれたヒヴァの旧市街、イチャン・カラ。全長２２５０ｍの城壁に囲まれたその街はモスクや遺跡が立ち並び、まるで中世の街にタイムスリップしたよう。城跡内も然り。今でも昔ながらの土壁の住宅街があり、人々の生活が営まれている。

ウズベクの女性はおしなべて粉もの料理がプロ並みに上手だけど、若干18歳のシャフノザちゃんもすでに粉もの名人だ。１７０㎝以上の長身で、世間的に言うところの9頭身美人。そんな彼女が大量のディルをすりつぶして作ったディルジュースと卵、小麦粉を混ぜてこねていく。手際が鮮やか〜♬

「小麦粉の料理はみんなでたくさん作るけど、男の人にお料理を教えるなんて初めてです」はにかみながらゆで上げたディル麺を冷水にとる。僕は思わずその麺をすくい上げ、キッチンの窓から差し込む強い太陽の光に透かしてみる。翡翠《ひすい》色が煌めく美しさを、僕はこのシュヴィトオシュで初めて知った。ディル麺の清涼感とさっぱり感に野菜の甘みと肉の旨み。ヨーグルトがまた合う。

連日40℃を超える暑さが生んだ郷土料理。厳しい環境だからこそ、人の繋がりを大切にし、感謝する気持ちを根底に持って生活している。毎年暑い夏が来れば思わず作ってしまう、夏の風物詩だ。

ちょっと見イタリアンパスタのようなシュヴィト オシュは、ディルを練り込んだ平打ち麺のトマトソースがけ。(作り方は149ページ)

韓国 ソウルにて

100％、優しさでできている

韓国では冬至の行事食、白玉団子たっぷりのパッチュク（小豆粥《あずきがゆ》）。小豆の赤い色が厄《やく》を逃れるという意味もあり、縁起が良い食べ物とされてきた。

しかし、その真価を理解したのは、むしろ料理家になってからの韓国取材の時になる。いつものごとく、僕が「水晶色の悪魔」と呼んでいるソジュ（韓国焼酎）をたらふく呑み（呑まされ）まくり、気がついたら宿泊先のベッドの上だった日の朝。

「君はいつも呑み過ぎるからなぁ」とニタニタ笑いながら、お迎えにきてくれたカメラマンさん。ず〜っと一緒に呑んでいたのにピンピンしている。恐ろしい。てか、「あなたにいつも呑まされるのでしょうが！」とひどい頭痛を抱えながら抗議すると、連れて行ってくれたのが、新堂駅のすぐ近くの小さなパッチュクのお店。スッカラでポタージュ状の小豆を口に運び、水キムチの汁をひとすすり。

たったひと口ですべてを癒やしてくれる圧倒的な優しさがそこにあった。「どう？ 良くなった？ 私は家族に食べさせる気持ちでいつも作っているよ」と僕の体調を気遣ってくれる笑顔のご主人。人としても料理人としても本当に尊敬できる、優しい韓国のお父さん。また癒やされにうかがいます！

小豆粥パッチュクは、砂糖が隠し味になっている。小豆の、体と舌に優しく寄り添うような甘みが嬉しい。（作り方は150ページ）

タイ メーアイにて

北部カレン族の伝統料理

穏やかで笑顔が素敵な元教師のサワンさん。教師を退職後、チェンマイでガイドの仕事をする傍ら、自転車で世界各地を旅し、旅行記も執筆しているその道の有名人。人との壁をす〜っと取り払ってくれる不思議な魅力の持ち主だ。彼が薦める店で北部料理をいただきながら、「君に北部の味をわかってもらえて嬉しぃよ。僕は北部のメーアイ出身のカレン族なんだ。北部は少数民族が共存していて料理もいろいろある。面白いと思うよ！」

とサワンさん。

旅の最終日にご紹介いただいたサワンさんのご実家へ。細かい刺繍が美しいカレン族の衣装でお出迎えいただいたご家族の皆さんにご挨拶すると、「ワイ（合掌）はタイ式よ。私たちはクリスチャンだからシェイクハンドで」。あっ、そうなんだ！　早速みんなで釣った鯰《なまず》と畑の野菜で、伝統料理ゲーン イェンを作る。暑い日にぴったりのさっぱり味。まさにカレンの冷や汁だね。

覚えたてのカレン語で「タブルッ（ありがとう）」を連呼する僕に皆さんなぜか爆笑。「あなたの発音なら、『頭が変』って意味になるのよ」とお母さんも涙を流しながら大笑い！　カレンの文化とお料理、温かさに癒やされた最高の旅の締めくくりになりました。サワンさん、皆さん本当にタブルッ!!

タイの伝統料理、ゲーン イェンは焼き鯰の冷たいスープ。暑い日にぴったりのスープだ。鯛や鱈などの白身魚で作ってみてください。（作り方は151ページ）

マレーシアのバクテー（肉骨茶）屋で。漢方生薬と中国醤油で煮込まれた骨付き豚肉の旨いことといったら!?

細かいルールなんて無い。
だけど、ぜったい美味しい
コウケンテツの
「アジアのごはん」作り方

カオチーパテ（ラオス　バゲットサンド）↓p8

材料（2人分）
バゲット…½本
鶏レバー…100g
クリームチーズ…30g
ハム、チャーシュー（薄切り）…各4枚ほど
きゅうり（薄切り）…6〜8枚ほど
マヨネーズ、スイートチリソース…各適宜
たまりじょう油…各適宜
香菜…たっぷり
A（紅白なます）
大根、にんじん…各100g
砂糖…大さじ1
酢…大さじ2
塩…適宜

❶Aの大根、にんじんは皮をむき細切りし、塩もみしてしばらく置き、水気をしっかりしぼる。砂糖、酢を加えなじませる。
❷鶏レバーは白い部分を切り取り、半分に切って血合いを除き、冷水で血抜きする。5分ほど塩ゆでしてすり鉢でクリームチーズと練り混ぜてレバーパテを作る。
❸バゲットに切り込みを入れて炙《あぶ》る。②を塗り、きゅうりをのせる。マヨネーズたっぷり、ハム、スイートチリソース、チャーシュー、①、香菜の順にのせ、たまりじょう油をかける。

水煮飛魚（台湾 飛魚の水煮）

→p10

材料（1人分）
トビウオ…1尾
塩…大さじ2

❶トビウオはウロコと内臓を取り、身に斜めに3カ所切り込みを入れる。
❷鍋に水1ℓと塩を入れて沸かし、①を静かに入れ、蓋をして5分ほど煮る。

ジャシャマル（ブータン 鶏肉の唐辛子炒め）

→p12

材料（1回に作りやすい分量）
鶏もも肉…1枚
鶏軟骨…5〜6個
生青唐辛子（刻む）…3〜4本
粉唐辛子（粗挽き）…大さじ2
花椒（乾煎りし、刻む）…大さじ1
塩、刻んだ香菜、サラダオイル…各適宜

❶鶏もも肉と鶏軟骨を包丁で粗く叩き、さらに刻む。
❷フライパンにサラダオイルを多めに熱し、①を炒め煮する。生青唐辛子、粉唐辛子、塩小さじ½、花椒を加え混ぜる。塩で味を調え、好みで香菜を散らす。

ラオス　ルアンパバーン　カオソーイ

（ラオス　北部限定肉味噌麺）↓p14

材料（2人分）

センヤイ（ビーフンでOK）…200g

好みのハーブ、青ねぎ、もやし、レモン…各適宜

塩、サラダオイル、砂糖、ナンプラー、

チリソース…各適宜

鶏スープ

鶏もも肉…1枚

レモングラスの茎…1本

にんにく…1片

ねぎの青い部分…1本分

酒…1カップ

特製納豆肉みそ

豚ひき肉…200g

にんにく、しょうが（みじん切り）…各1片

パプリカパウダー…大さじ1

トマト（さいの目切り）…大1個分

トゥアナオ…大さじ1〜2ほど

A（トゥアナオがなければこれが代わりになる＝納豆…1パック、塩、一味唐辛子…各適宜）

❶鶏スープを作る。レモングラスはつぶして香りをたたせ外側の皮をはがす。にんにくは叩いてつぶす。鍋に鶏スープの材料、水3カップ、塩適宜を入れて煮立たせたらアクを取り、10分ほど煮て砂糖、塩、ナンプラーで味を調える。鶏肉は手で裂いておく。

❷特製納豆肉みそを作る。フライパンにサラダオイルを熱し、にんにく、しょうがを炒め、トゥアナオ（なければA）を加え炒める。パプリカパウダー、豚ひき肉を加えて炒め、トマトを加えて一体感が出るまで炒める。塩で味を調える。

❸センヤイをゆで、もやしはサッとゆでて水気をきって器に入れる。熱々の①を注ぎ、鶏肉、②をのせる。青ねぎ、ハーブ、レモン、チリソースなど好みの野菜や調味料を加えてアレンジする。

ナシレマ（マレーシア　マレーシアの〝国民食〟）↓p16

材料（4人分）

ジャスミンライス（白米でOK）…2合

ココナッツミルク…1カップ

塩、にんにく（すりおろし）…各少々

サンバル（作りやすい分量）

塩…適宜

にんにく（みじん切り）…2片分

紫玉ねぎ（みじん切り）…½個分

ココナツオイル（サラダオイルでも）…大さじ2

トマト（湯むきしひと口大に切る）…2個

粉唐辛子…大さじ4〜5

黒砂糖…大さじ1

桜えび（粗みじん切り）…5g

きゅうり（スライス）…4〜6枚

煮干し（揚げる）…30gほど

ゆで卵（2等分に切る）…4個

煎りピーナッツ…適宜

❶米はさっと洗って炊飯器に入れ、ココナッツミルク、塩、にんにくを加えてサッと混ぜ、少なめの水加減で炊く。

❷サンバルを作る。フライパンにココナッツオイルを熱し、にんにく、紫玉ねぎを炒め、香りがたったら、桜えびを加え炒める。トマト、粉唐辛子、水大さじ2、塩小さじ½、黒砂糖を加えてとろみがつくまで混ぜながら煮詰める。塩で味を調える。

❸器に①を盛り、②、ピーナッツ、煮干し、きゅうり、ゆで卵を添える。

スガオ ロ ホーン サイッ チュルック

（カンボジア 青パパイヤと豚肉のスープ煮）
↓p18

材料（1〜3人分）
豚スペアリブ…5〜6本
青パパイヤ（皮をむき、適宜に切る）
…200g（トウガンでOK）
干しイカ（するめでOK／刻む）…10gほど
干しエビ…大さじ2
挽きたての粗挽き黒粒こしょう…たっぷり
にんにく…1片
万能ねぎ（小口切り）…大さじ2〜3
塩、ナンプラー、サラダオイル…各適宜

❶鍋にサラダオイルを熱し、にんにくを炒め、干しイカ、干しエビを加え炒めたらナンプラー小さじ1、豚スペアリブを加えてしっかり炒める。黒こしょうをし、パパイヤを加え炒める。
❷水2カップを①に加え蓋をし、パパイヤが柔らかくなるまで煮る。塩で味を調え、万能ねぎを散らす。

チャー サイッ モアン マレッ クチャイ

（カンボジア 鶏肉の生胡椒炒め）↓p20

材料（2〜3人分）
骨つき鶏もも肉ぶつ切り…1〜2本
鶏レバー（粗く刻む）、砂肝…各3〜4個
にんにく（みじん切り）…2片分
トゥックトレイ（ナンプラー）…大さじ2
生胡椒の実…6〜7枝ほど
青ねぎ（3〜4㎝長さに切る）…2〜3本

❶鶏もも肉、鶏レバー、砂肝は、にんにく半量、ナンプラー半量で下味をつける。
❷鍋にサラダオイル適量（分量外）、残りのにんにくとナンプラーを熱し、香りが出たら①を炒め、蓋をして5分ほど蒸し焼きする。
❸②に生胡椒の実を加えてさっとからめ、水大さじ3を加え、蓋をして蒸し焼き。塩（分量外）で味を調え、青ねぎを散らす。

グリーンアスパラのラード炒め

（台湾 自家製ラード炒め）↓p22

材料（1回に作りやすい分量）
豚の背脂（適宜に切る）…200g
にんにく…2片
グリーンアスパラ（適宜に切る）…12本
卵…2個
塩、砂糖…各適宜

❶フライパンで、豚の背脂を脂が出てきてカリカリ（油かす）になるまで炒める。油かすは油をきり、脂分（ラード）は漉す。
❷フライパンをきれいにし、①のラード大さじ1を熱し、溶き卵を加えてさっと混ぜて取り出しておく。続けてラード大さじ2を熱し、にんにくを炒め、グリーンアスパラ、①の油かすを加え炒め、塩、砂糖で調味し、卵を戻し入れさっと混ぜる。

アヤムゴレン カラサン

（インドネシア カラサン村の唐揚げ）↓p24

材料（2〜3人分）

A

丸鶏…1羽分（半分に開いたもの）

岩塩…大さじ2

にんにく（つぶす）…2片

キャンドルナッツ…1〜2個

揚げ衣

小麦粉…100〜120gほど

鶏のゆで汁…1カップほど

ココナッツオイル…適宜

ライム…½個

サンバル

トゥラシ（エビペースト）…小さじ1ほど

赤小玉ねぎ（みじん切り）…2〜3個分

にんにく（みじん切り）…1片分

トマト（刻む）…小2個

赤唐辛子（すりつぶす）…10本ほど

丸鶏のゆで汁…お玉1杯分ほど

やし砂糖…大さじ2ほど

ココナッツオイル…適宜

❶チョベ（石臼／すり鉢でOK）にAの岩塩、にんにくをのせ、叩いたり潰したりすりすりする。

❷鶏に①を軽くもみ込んで大きめの鍋に入れ、鶏がかぶるくらいの水を加えて火にかけ、ひと煮立ちさせたら、ごく弱火にして1時間ほど煮る。途中、水分が飛んだら、水を加えて、常に鶏がかぶるくらいの量に調節しながら煮る。火を止めたら、そのまま一晩置く。

❸揚げ衣を作る。ボウルに小麦粉を入れ、鶏のゆで汁を注ぎ入れてよく混ぜる。

❹②の鶏の身が崩れないように静かに③にくぐらせ、190〜200℃に熱したココナッツオイルでこんがりと揚げていく。

❺鶏を揚げながら、揚げ玉も作る。③の衣だけを、鶏を避けながら、高い位置から油の中に垂らす。この衣がきつね色になったら取り出し、ペーパータオルの上に広げて置く。
❻鶏を静かにひっくり返し、カラッと揚がったら鶏を取り出してバットにあげる。
❼残りの衣を油に垂らし、からりとなったらペーパーの上におく。
〈サンバル（辛いタレ）を作る〉
❶フライパンにココナッツオイルを熱し、赤小玉ねぎ、にんにくを炒める。しんなりとしたらトゥラシ、トマトを加えて炒める。
❷すりつぶした赤唐辛子、鶏のゆで汁、やし砂糖を加えて軽く煮る。そのまま少し置いて粗熱を取る。
〈盛り付け〉からりと揚がった丸鶏を器に盛り、揚げ玉とライムを添える。手で鶏肉をちぎりながら、サンバルをつけて食べる。

コンナムル クッパ（韓国 大豆もやしのスープごはん）→p26

材料（2人分）
昆布…7〜8㎝四方のもの1枚
煮干し…15尾
にんにく（すりおろし）…少々
大豆もやし…1袋
塩…適宜
しょう油…少々
白煎りごま、粉唐辛子、万能ねぎ（小口切り）…各適宜

❶鍋に水3と½カップ、昆布と煮干しを入れて10分ほどつけおいたらにんにくを加えてひと煮立ちさせ、昆布を取り出し、大豆もやしを加え、中弱火で7〜8分煮る。塩としょう油で味を調える。
❷器に盛り炒りごま、粉唐辛子、ねぎをのせ、ほかほかの麦ごはんと一緒に食べる。

咸魚炒飯（香港 ハムユイチャーハン）

↓p28

材料（2人分）

アジの干物…1尾

鶏もも肉…80g

ごはん（一晩置いたもの）…茶碗2杯分

好みの青菜（ターツァイ、小松菜など）…100g

青ねぎ（小口切り）…大さじ2ほど

サラダオイル、塩…適宜

A（調味液）

しょう油…大さじ½

紹興酒（なければ日本酒）…大さじ1

塩、こしょう…各適宜

片栗粉…小さじ1

砂糖（きび砂糖がおすすめ）…小さじ½

❶ごはんをさっと洗い、ザルにあげて水気をしっかりきる。干物は焼いて身をほぐす。青菜は塩ゆでし、小口切りにする。

❷鶏もも肉は刻んで叩いてミンチ状にしてサラダオイル少々で軽く炒め、ボウルに入れ、Aを混ぜる。

❸フライパンでサラダオイルを熱して①のごはんを炒める。②を戻し入れ、アジの干物を加え炒め、青菜を加えてさらに炒める。ぱらっとしたら青ねぎを散らす。

揚げ豆腐とトマトの炒めもの

（ベトナム）↓p30

材料（2人分）
豆腐（水切りし、4cm角切り）…½丁
トマト（ざく切り）…2個
ニョクマム（ナンプラー）…大さじ1ほど
砂糖…小さじ1
青ねぎ（小口切り）…3〜4本分
サラダオイル…大さじ4ほど

❶フライパンにサラダオイルを熱し、豆腐をこんがり焼きつけて取り出し、ニョクマムを加え炒めて、香りがたったら、トマト、砂糖を入れ、豆腐を戻し入れる。青ねぎを散らす。

カイン マン ティット ガー

（ベトナム 鶏肉と筍の酸味スープ）↓p32

材料（2〜3人分）
たけのこの水煮（薄切り）…300gほど
酢…大さじ3
骨つき鶏もも肉（適宜に切る）…2本
酒…1カップ
砂糖…小さじ1
ハッゾーイ（粒こしょうでもOK）…3〜4粒
酒、塩、サラダオイル…各適量

❶たけのこは塩小さじ1、酢、砂糖をまぶす。
❷フライパンにサラダオイルを熱し、鶏もも肉、塩少々を加えてさっと炒め、酒を加えて煮たら①と水2カップを加え、蓋をし10分ほど煮る。ハッゾーイを焼き、細かく潰し加え、塩で調味。※ハッゾーイはこしょうに似た香辛料。

オセンオセン
（インドネシア　シンコンの皮の唐辛子炒め）→p34

材料（2人分）
たけのこの水煮（細切り）…100g
根菜の皮（ごぼう、れんこんなど）…50gほど
チャベ・ラウィット
（青唐辛子、赤唐辛子／斜め切り）…各3本
煮干し（揚げる）…ふたつかみほど
塩…小さじ½
サラダオイル、しょう油…各適宜
A
サラムの葉…3〜4枚
バワン・メラ（赤小玉ねぎでOK）…2個
にんにく（薄切り）…2片分
❶Aを多めのサラダオイルでじっくり炒める。
❷チャベ・ラウィット、根菜の皮、たけのこの水煮を①に加え炒め、煮干し、塩を加え混ぜ、しょう油で味を調える。

炒酸雲豆
（中国　白いんげん豆と漬物の炒め）→p36

材料（2〜3人分）
白いんげん豆（乾燥）…1カップ
サラダオイル…大さじ1
高菜漬け（食べやすい長さに切る）…50g
酢…大さじ½
しょう油、ごま油…各適宜
❶白いんげん豆は一晩水につけて戻す。柔らかくなるまで水からゆで、水気をきる。
❷フライパンにサラダオイルを熱し、①、高菜漬けを強火でさっと炒める。酢を加え混ぜ、味をみてしょう油とごま油で調味。

ラケルダ（トルコ 鮪の酢漬け）↓p38

マグロ…200g
紫玉ねぎ（薄切り）…½個分
酢…小さじ1
塩、オリーブオイル…各たっぷり

❶マグロは1cm幅に切って塩をまぶし、酢を軽くふって一晩おく。
❷①の水気をきって器に盛り、紫玉ねぎを添え、オリーブオイルを回しかける。

チェオ（ラオス 辛みそ）↓p40

材料（1回に作りやすい分量）
にんにく…2粒
赤小玉ねぎ…½個
赤唐辛子…3～4本
砂糖、ナンプラー…各小さじ1
塩…適宜
香菜（刻む）…1株
ライムのしぼり汁…大さじ1
炊いたもち米…適量

❶にんにくは各5等分に切り、赤小玉ねぎは半分に切る。赤唐辛子とともに金串に刺してこんがりと焼く。すり鉢などで潰しながら砂糖、ナンプラーを混ぜ、塩適宜で味を調え、香菜、ライム汁を混ぜる。もち米を蒸したものに少量つけて食べる。

鹹豆漿（台湾 塩豆乳スープ）↓p42

材料（2人分）
桜えび（乾煎り）…10g
ザーサイ（粗く刻む）…大さじ2
青ねぎ（小口切り）…2〜3本分
しょう油…小さじ½
砂糖…少々
黒酢…大さじ1
塩、ラー油…各適宜
香菜（刻む）…2〜3本
無調整豆乳…3カップほど

❶器にザーサイ、青ねぎ、しょう油、砂糖、黒酢の各半量を加え、熱した豆乳の半量を注ぎ入れ、味をみて塩で味を調える。
❷豆乳がすぐに固まってくるので、もう半量の桜えび、香菜をのせラー油をかける（同様にもう一人分作る）。

大理生皮（中国 辛みたれ）↓p44

材料（2人分）
好みの刺身…150g
たれ（辛みたれ）
にんにく、しょうが（各みじん切り）
…各1片分
粉唐辛子（中挽き）…大さじ2
菜種油（サラダオイルでも）…大さじ2〜3
香菜（粗みじん切り）…1株
黒酢…½カップ
しょう油…大さじ2
麻の実パウダー…大さじ½（あればでOK）

❶器ににんにく、しょうが、粉唐辛子を入れ、熱した油を注ぎ入れ、残りのたれの材料を加え混ぜる。刺身に添える。

プタ（ブータン 押し出し式香りそば）↓p46

材料（2〜3人分）
苦そば（あれば）…2玉
ピーナツオイル…¼カップ
粉唐辛子（中挽き）、水…各大さじ2〜3
花椒…大さじ1
塩…適宜
香菜、青ねぎ（各刻む）…たっぷり

❶花椒は塩少々を合わせて叩き潰してボウルに入れ、粉唐辛子と水を加え混ぜる。
❷ゆでて流水でしめて水気をきったそばを器に盛り、①をかける。香菜と青ねぎを散らす。熱したピーナッツオイルを回しかけ、よく混ぜて食べる。

カインホアイモー（ベトナム 紫山芋のすり流しスープ）↓p48

材料（2〜3人分）
骨つき鶏もも肉（ぶつ切り）…2本
酒…1カップ
紫山芋（すりおろす）…200g
リモノフィラ、ノコギリコリアンダー（好みのハーブでOK）…各適宜
砂糖…小さじ1
塩、粗挽き黒こしょう…各適宜

❶鍋に鶏肉、水3カップ、酒、塩小さじ½、砂糖を入れて煮立たせてアクを取り、蓋をして15分ほど煮る。
❷①に紫山芋を加え3〜4分ほど煮て、塩で味を調える。刻んだ好みのハーブ、こしょうをたっぷり散らす。

ミンチごはん（マカオ）↓p52

材料（2人前）
じゃがいも（皮をむき、1cm角切り）…大1個分
オリーブオイル…大さじ4
卵…2個
にんにく（みじん切り）…1片分
玉ねぎ（みじん切り）…¼個分
牛豚合いびき肉…200g
カレー粉…小さじ⅓
しょう油…大さじ½
たまりじょう油…大さじ½
塩、こしょう…各適量
ごはん…適量

❶フライパンにオリーブオイル大さじ3を熱し、じゃがいもをこんがりと焼き、取り出したら、残りのオリーブオイルを入れ、目玉焼きを2個作りおく。
❷①のフライパンににんにく、玉ねぎをしんなり炒め、合いびき肉を加えて炒め、カレー粉、しょう油、たまりじょう油を加え混ぜる。塩、こしょうで味を調える。
❸ごはんに肉、じゃがいも、目玉焼きの順にのせる。

ニョアム コンプッ (カンボジア 小海老とハーブのサラダ) ↓p54

材料(2~3人分)
プラホック(その他の魚の塩辛でOK)
…大さじ3ほど
トロークーン(空芯菜でOK)…1束ほど
新鮮な小エビ…20~30尾
にんにく(みじん切り)…2片分
タマリンド汁…適宜(あれば)
好みのハーブ(刻む)…5~6種類
ライムのしぼり汁…適宜
煎りピーナッツ(くだく)…適宜

❶鍋にプラホック、水1カップを入れてひと煮立ちたせる。
❷ボウルに刻んだトロークーンを入れ、①の熱々の汁をお玉1杯ほど回しかけ、小エビを加え混ぜ、再度、①の熱々の汁少々を加え混ぜる。
❸②ににんにくの半量、タマリンド汁大さじ2~3ほどを加え、味をみて①を適宜と、好みのハーブをたっぷり加える。
❹③の味をみながら再度、タマリンド汁、ライムのしぼり汁、残りのにんにくを加えて味を調え、器に盛る。ピーナッツをたっぷり散らす。
※トロークーンはカンボジアで出会った葉野菜。空心菜で代用を。
※プラホックはカンボジアのトンレサップ湖などの湖で獲れる魚を発酵させて作る発酵みそのようなもの。魚醤とか塩辛に近い。
※タマリンドは、パッタイなど、甘酸っぱい料理の決め手になる合わせ調味料。日本でならフルーティーな梅干しのような味。タイやカンボジアの食材屋ではペーストも売っている。

トムチェオパー（ラオス 魚の辛いスープ）→p56

材料（2～3人分）
旬の魚のアラ…2尾分
ナンプラー…大さじ1
しょうが（薄切り）…4枚
砂糖…大さじ½
レモングラスの葉…4～5本
塩、粗挽き黒こしょう…各適宜
パーデーク（他の魚の塩辛でOK）
…大さじ2～3ほど
まいたけ（手で裂く）…100g

A（香味野菜ソース）
赤小玉ねぎ（薄切り）…2個分
にんにく…2片
赤唐辛子（生）…3～4本
ミニトマト…4～5個
刻んだ青ねぎ、香菜…各適量

❶お湯3カップを沸かし、魚のアラ、ナンプラー、しょうが、砂糖、レモングラスを入れてアクを取りながら約15分煮る。パーデークを溶き入れ、まいたけを加える。塩、粗挽き黒こしょうで味を調える。
❷Aの赤小玉ねぎ、にんにく、赤唐辛子を直火で炙り、すり鉢ですり潰す。①の煮汁をお玉約1杯分加え塩、こしょうで調味。ミニトマトを加え軽く潰す。青ねぎと香菜を混ぜる。
❸①を器に盛り、②をかける。

アヤムタオゲイ（マレーシアもやしチキン）↓p58

材料（3〜4人分）
丸鶏…1羽
香菜…たっぷり
塩…適宜
A（もやしソース）
　緑豆もやし（さっと湯通しし、水気をきる）
　　…2袋
　しょう油、ごま油…各大さじ2

❶丸鶏はよく洗い、お腹の中に軽く塩を振り、香菜を茎ごと詰める。蒸し器で30〜40分蒸す。適宜に切る。
❷緑豆もやしはしょう油とごま油で和え、①にからめながら食べる。

海老の春雨蒸し（タイ）↓p60

材料（2〜3人分）
春雨…50g
わけぎ（3〜4㎝長さに切る）…2本
玉ねぎ（薄切り）…¼個分
有頭エビ…12尾
塩…小さじ1
A
　砂糖、しょう油…各大さじ½
　オイスターソース…大さじ1
　酒、水…各大さじ2
　しょうが（せん切り）…1片分

❶春雨は水で戻す。エビは背わた、足、ひげを取り、塩でもみ、さっと洗う。
❷春雨とエビを鍋に入れ、Aを回しかけ、玉ねぎとわけぎをのせ、蓋をして5分ほど蒸し煮。仕上げにサッと炒めて汁気を飛ばす。

マントゥ（ウズベキスタン 蒸し餃子）

→p62

材料（8個分）

皮（作りやすい分量）

薄力粉、強力粉…各100g

溶き卵…½個分

塩を溶かしたお湯…50〜80㎖

あん

玉ねぎ（みじん切り）…1個分

クミンシード…大さじ1

牛薄切り肉…100g

塩…小さじ1

オリーブオイル…適宜

トッピング

ハーブ（刻む）、ヨーグルト、パプリカパウダー…各適宜

❶皮生地を作る。ボウルに2種類の小麦粉、溶き卵を入れ、塩を入れた熱湯を数回に分けて注ぎながら混ぜる。そぼろ状になったら手で合わせる。粉と水分が混ざり合ったら、手でこねる。生地に艶が出たらラップをしてしばらく置く。

❷あんの材料をすべてボウルに入れて粘りが出るまで混ぜる。

❸①を2等分に分け棒状に伸ばし、1本を8〜9等分に分ける。丸めて薄力粉（分量外）をたっぷりまぶす。各15㎝ほどの円形に伸ばし、②を多めにのせて包む。

❹蒸し器に並べ、15〜20分ほど蒸して器に盛る。ヨーグルト、パプリカパウダーをかけ、ハーブを散らす。

鮪と野沢菜のスープ（台湾）↓p64

材料（1回に作りやすい分量）
マグロのアラ（他の魚でOK）…500g
野沢菜など青菜の漬物…100g
セロリ…½本
塩…適宜
❶マグロのアラは熱湯をかけて霜降りにする。セロリ、野沢菜は4～5㎝長さのざく切りにする。
❷鍋に水4カップを入れて沸かし、①を入れ、アクを取りながら20分ほど煮る。塩で味を調える。

ライスコーヒー（フィリピン）↓p66

材料（1回に作りやすい分量）
インディカ米（ジャスミンライスなど）…1カップ半
砂糖…たっぷり
❶鉄鍋でじっくりお米を煎る。濃い茶色になってきたら水500㎖を加えて、⅔量ほどになるまで煮詰める。
❷①を漉して器に注ぎ、砂糖を加える。

ブーラマ（トルコ鱈の蒸し煮）↓p68

↓p68

材料（2～3人分）
タラ（塩をまぶす）…4切れ
タラコかタラの白子（あれば）…適宜
玉ねぎ（薄切り）…½個分
トマトサルチャ（ペースト）…大さじ1
トマト（スライス）…2個分
イタリアンパセリ（みじん切り）、粉唐辛子
…各適宜
塩、粗挽き黒こしょう、レモン…各適宜
ひまわりオイル…適宜

❶フライパンに多めのひまわりオイルを熱し、玉ねぎをじっくり炒め、トマトサルチャを加えさらに炒めたらタラを並べ入れ、タラコか白子を中央に置き、トマトを並べ入れ、粉唐辛子、塩をふり、蓋をして中火で5分ほど蒸し煮する。パセリ、こしょう、レモンを添える。

チャオムの卵焼き（タイ ハーブ入り卵焼き）↓p70

材料（2人分）
チャオム…50g
卵…2個
塩、サラダオイル…各適宜

❶ボウルに、チャオムの葉先の柔らかい部分をちぎり入れ、卵と塩と混ぜ合わせる。
❷フライパンにサラダオイルを熱し、①を流し入れ、両面を押さえながらこんがり焼く。
※チャオムの代わりに好みのハーブでもよい。

タンドールケバブ（ウズベキスタン）↓p72

材料（2〜3人分）
骨つきラム肉…5〜8本
塩…大さじ1
にんにく（すりおろし）…1片分
クミンシード、コリアンダーシード
…各大さじ1
ひまわりオイル…大さじ3

❶塩、にんにく、水½カップを合わせ混ぜ、ラム肉に手でもみ込む。
❷クミンシード、コリアンダーシードを潰し、ひまわりオイル大さじ1と合わせて①に手でまぶす。
❸フライパンに残りのひまわりオイルを熱し、②の両面をこんがり焼く。取り出して少し置いてなじませ、器に盛る。

チャウ コ タルカリ（ネパール きのこのスパイス煮）↓p74

材料（2人分）
しめじ、エリンギ、まいたけ（手で適宜に裂く）
…各1パック
赤唐辛子…2本
トマト（刻む）…2個
香菜（刻む）…½束
ターメリック…大さじ1
クミンパウダー…大さじ1
塩、ひまわりオイル…各適宜

❶鍋にひまわりオイルを多めに熱し、赤唐辛子ときのこを炒める。ターメリックを加えて炒め合わせ、塩小さじ½、トマト、クミンパウダーを加えて煮る。
❷塩で味を調え、香菜を加え混ぜる。

大救駕（中国　炒めアルカイ）

↓p76

材料（2人分）

豆腐…⅓丁
豚バラブロック肉…80g
イカ（胴の部分）…½杯
セロリの茎…1本分
にら…¼束
赤唐辛子…5～6本
酒…大さじ3
塩、粗挽き黒こしょう…各適宜
しょう油…大さじ1
菜種油…大さじ2

❶豆腐は4等分に切り、さらに1㎝幅に切る。豚バラブロック肉は薄切りにして塩を軽くする。イカの胴は格子状に切り込みを入れ、食べやすい大きさに切る。にらは4～5㎝に切る。

❷フライパンに菜種油を熱し、①の豆腐の両面をこんがりと焼いて取り出す。

❸同じフライパンで①の豚バラブロック肉を炒める。肉の色が変わったら、赤唐辛子、適宜に切ったセロリの茎、①のイカを加えてさっと炒め、酒を加え、強火にしてアルコール分を飛ばす。にら、しょう油を加えて混ぜ合わせ、塩で味を調える。こしょうをふる。

カーコー（ベトナム 魚の煮込み）↓p78

材料（4人分）
タイの切り身（本場ではカーチャンという川魚）…4切れ
豚バラブロック肉（ゆでておく）…200g
高菜の漬物…150g
赤小玉ねぎ…8個
にんにく…小3〜4片ほど
しょうが（薄切り）…2片分
カラメルソース、みそ、酒…各大さじ2
塩…適量

❶鍋に高菜の漬物、赤小玉ねぎ、にんにく、しょうが、食べやすく切った豚バラ肉の半量を並べ、タイをのせたら、上から残りの豚肉をのせる。
❷①に塩を加え、カラメルソース、みそ、酒を加えて水2カップほどを加え、蓋をして1時間ほど煮る。
※カラメルソースがない時は、砂糖大さじ2、水大さじ½を加熱して焦げてきたら、火を止めて水大さじ1を加えて煮つめる。

モンクッ（韓国 ヒジキのスープ）↓p80

材料（2〜3人分）
昆布…5〜6cm四方のもの1枚
白菜…80g
豚バラブロック肉…200g
ごま油…大さじ1
にんにく（薄切り）…1片分
酒…½カップ
しょう油、みりん…各小さじ1
乾燥ひじき（湯につけて戻す）…大さじ2
塩、粗挽き黒こしょう…各適宜
青ねぎ（斜め切り）…1本
白煎りごま、粉唐辛子…各適宜
ごはん…適量

❶昆布は水3カップに30分ほどつけおく。白菜は横に細切りにする。豚バラブロック肉は2cm幅の棒状に切り、塩、こしょう各適宜をする。
❷鍋にごま油を熱し、にんにくと①の豚肉を炒める。肉の色が変わったら、酒を加えて煮立たせ、①の昆布をつけおいた水、白菜を加えてひと煮立ちさせ（昆布は取り出す）、しょう油とみりんを加えて中弱火で10分ほど煮る。
❸ひじきを②に加えてひと煮立ちさせ、塩、こしょうで調味。器に盛り、青ねぎ、白煎りごま、粉唐辛子をのせてごはんとともに食べる。
※モンクッは本来はホンダワラで作るが、ここではヒジキで代用。

鰯の生姜蒸し（香港）↓p82

材料（2人分）
いわし…6尾
塩…大さじ1
しょうが（細切り）…2片分
酒…½カップ

❶いわしは頭と内臓を取りよく洗う。全体に塩をまぶし約1時間置く。余分な水気を拭き、しょうが、酒を合わせ、蓋をして10分ほど蒸す。

ムフラマ（トルコ ラズのチーズフォンデュ）↓p84

材料（2〜3人分）
バター…40gほど
カシャールチーズ
（好みのナチュラルチーズでOK）
…100gほど
お湯…大さじ1

❶小さめのフライパンにバターを強火で溶かし、チーズを入れ、さらにお湯を加え、チーズが溶けたらOK！ パンにからめて食べる。紅茶がよく合う。
※カチャールチーズは牛乳から作る黄色いチーズ。

インディアッパ ビッタラ ウェンジャナ

（スリランカ　タミル風ビーフン）→p86

材料（2～3人分）
インディアッパ（好みのビーフンでOK）…適宜
ゆで卵…6個ほど
トマト…2個
青唐辛子…2本
ココナッツオイル…適宜
にんにく（みじん切り）…1片分
赤小玉ねぎ（みじん切り）…3～4個分
マスタードシード… 大さじ1
ココナッツミルク…1缶
ターメリック、チリパウダー…各大さじ1
コリアンダーパウダー…大さじ1
カラピンチャ（カレーリーフ）…ひとつかみ
ランペ…1枚
塩、粗挽き黒こしょう…各適宜

❶トマトはざく切りにする。青唐辛子は縦半分に切ってざく切りにする。
❷フライパンにココナッツオイルを熱し、にんにく、赤小玉ねぎ、マスタードシードを軽く炒める。
❸①のトマトと青唐辛子、コリアンダーパウダー、ターメリック、チリパウダーを加えて混ぜ合わせ、ココナッツミルク、塩小さじ½、こしょう適宜、カラピンチャ、ランペを加えて5～6分ほど煮て、塩で味を調える。
❹半分に切ったゆで卵を加えてさっと混ぜる。食感よくゆでたビーフンにからめながら食べる。
※インディアッパは米粉を原料とした蒸し麺で、スリランカの主食のひとつ。ビーフンで代用を。
※ランペ（別名パンダンリーフ）はスリランカ料理には欠かせない香辛料で、独特の甘い香りが特長。

チャー コンカエップ コル スラックレイ

（カンボジア カエルのレモングラス炒め）→p88

材料（2人分）
カエル（なければ鶏手羽中の半割り）
…3～4匹ほど（鶏手羽なら10本）
にんにく（みじん切り）…1片分
しょうが（みじん切り）…1片分
青唐辛子（刻む）…1～2本
レモングラスの茎…3本
やし砂糖（きび砂糖でOK）…大さじ1
ナンプラー（トゥックトレイ）…大さじ1
バジルの葉…2つかみ
サラダオイル…適宜
塩、粗挽き黒こしょう…各適宜
A（クルーン ハーブペースト）
生ウコン（なければターメリックパウダー）
…1片
シャロット（または玉ねぎ）
…2個（玉ねぎなら1/6個）
にんにく…1片
レモングラスの茎…2本分

❶クルーンの材料Aをすべて合わせ、叩いて潰してペーストにする。

❷カエル（なければ鶏手羽中）は2～3㎝に切り、レモングラス茎は小口切りにする。

❸フライパンにサラダオイルを熱し、にんにく、しょうが、青唐辛子を炒める。②のレモングラスの茎を加えてじっくり炒め、①、やし砂糖、ナンプラーを加えてさらに炒める。②のカエルを加えて混ぜ、蓋をして3～4分ほど蒸し焼きにする。

❹火を止め、仕上げにバジルを加えてさっと混ぜ、塩とこしょうで味を調える。

白いんげん豆のトマト煮込み（トルコ）

↓p90

材料（2～3人分）
白いんげん豆（乾燥豆）…2カップ
オリーブオイル…大さじ3
玉ねぎ（みじん切り）…1個分
にんにく（みじん切り）…1片分
トマトペースト…大さじ2
トマト（ざく切り）…1個
ローリエ…1枚
塩、こしょう、粉唐辛子…適宜
ターメリックライス（白米でOK）…適宜

❶白いんげん豆はたっぷりの水に一晩つけて戻し、そのまま鍋に入れて強火にかけ、煮立ってアクが出てきたらざるにあげる。
❷フライパンにオリーブオイルを熱し、玉ねぎとにんにくを炒め、トマトペースト、トマトを加えてペースト状になるまで炒めたら①、水4カップ、ローリエを加える。蓋をずらし、豆が柔らかくなるまで弱火で1時間ほど煮て、塩、こしょうで味を調える。
❸器にターメリックライス（白米でOK）を盛り、②をかけ、粉唐辛子をふる。

エマダツィ（ブータン　チーズの唐辛子煮）→p92

材料（2〜3人分）
青唐辛子、赤唐辛子…大きめ各4〜5本
マッシュルーム…8個
サラダオイル…大さじ4
塩…適宜
プロセスチーズ…60g
カッテージチーズ…40g

❶唐辛子は縦半分に切り、さらに横3等分に切る。マッシュルームは食べやすい大きさに切る。

❷小さい鍋に①、水½カップ、サラダオイル、塩を入れて蓋をして中弱火で5分ほど煮たら、プロセスチーズを手でちぎり入れて煮て、なじんだらカッテージチーズを加え煮る。塩で味を調える。

キャベツ炒め（フィリピン）→p94

材料（4人分）
キャベツ…1個
豚バラブロック肉…100g
サラダオイル…大さじ2
にんにく…2片
塩、こしょう…各適宜

❶キャベツは縦半分に切り、端からそぐように細く切り、水にさらし水気をきる。豚バラブロック肉は1cm幅の棒状に切る。

❷鍋にサラダオイル、にんにくを入れ、豚肉がカリッとなるまで炒め、塩、こしょうをしていったん取り出す。

❸①のキャベツを鍋に入れ、②の豚肉とにんにくを上にのせ、塩、こしょうをし、蓋をして中弱火で20分ほど蒸し焼きする。軽く混ぜ合わせ、ごはんと混ぜながら食べる。

にらのジョン（韓国 にらチヂミ）

→p96

材料（直径26㎝1枚分）
にら…1束
玉ねぎ…¼個
ごま油…大さじ3

生地
卵…1個
小麦粉、片栗粉…各大さじ3
砂糖…小さじ½
しょう油…大さじ1

たれ
酢、しょう油…各大さじ1
白煎りごま…小さじ½
粉唐辛子（中挽き）…適宜

❶にらは4～5㎝長さに切る。玉ねぎは皮をむいて薄切りにする。
❷ボウルに生地の材料を混ぜ合わせ、①を加え混ぜる。
❸フライパンにごま油大さじ1を敷き、生地②を流し入れて全体に広げ、弱めの中火で4～5分こんがりと焼く。フライパンよりひと回り小さい蓋か皿を使って裏返し、フライパンにごま油大さじ2を足して、さらに3～4分こんがりと焼いて取り出す。焼ける間にたれの材料を混ぜ合わせておく。
❹③を食べやすく切り、たれを添える。
※切ったあと、再度フライパンで焼くとよりカリッと仕上がる。

アッラテンプラードワ

（じゃがいものスパイシー和え）→p98

材料（4人分）

じゃがいも…3個

ターメリック…大さじ1

ウンバラカダ（かつおの荒節でもよい）…ふたつかみ

粉唐辛子（できれば粗挽き）…大さじ1ほど

塩…小さじ½

A

マスタードシード…大さじ1

青唐辛子（斜め薄切り）…2〜3本分

玉ねぎ（薄切り）…½個分

ココナッツオイル…½カップ

カラピンチャ（カレーリーフ）…ひとつかみ

❶皮をむいて食べやすい大きさに切ったじゃがいもを塩ゆでし、水気をきってターメリックで和える。

❷フライパンにAの材料すべてを入れて、色づくまで炒めたら、①、刻んだウンバラカダ、粉唐辛子、塩を加えて、しっかり和える。

※カレーリーフがなければ、味は異なるがバジルなどを使ってもよい。

※ウンバラカダはスリランカの料理に欠かせない、日本で言えばかつお節のような干し魚。

パリップ

（スリランカ　レンズ豆のココナッツミルク煮込み）→p100

材料（2〜3人分）
レンズ豆…200g
ココナッツミルク…2カップ
ターメリック、チリパウダー…各大さじ½
マスタードパウダー…大さじ1
青唐辛子（刻む）…2本
赤小玉ねぎ（刻む）…3個
カラピンチャ（カレーリーフ）…ひとつかみ
ランペ…1枚
塩…適宜

❶レンズ豆はサッと水で洗い、鍋に入れる。水1カップ、ターメリック、チリパウダー、マスタードパウダー、塩小さじ1を加えて混ぜて火にかける。
❷①に青唐辛子、赤小玉ねぎ、カラピンチャ、ランペ、ココナッツミルクを加えて弱火で20分ほど煮る。ごはんと混ぜながら食べる。
※カラピンチャは、スリランカ料理にはつきもののスパイスで、カレーリーフに近いもの。ランペは独特な甘い香りの香辛料。

シンガポールチキンライス

↓p102

材料（3〜4人分）
骨つき鶏もも肉…2本
米…2合
パクチー…適量
きゅうり…½本
トマト、ライム…各½個
好みでスイートチリソース…適宜
A（鶏のゆで汁）
　にんにく（つぶす）…2片
長ねぎ（青い部分のみ）…1本分
しょうがの皮…1片分
塩…小さじ1
酒…½カップ
水…5カップ
B（たれ）
　しょう油、酢…各大さじ1
チキンスープ…適量（鶏のゆで汁）
しょうが（すりおろす）…1片分
砂糖…小さじ½
長ねぎ（みじん切り）…大さじ1

❶鍋に骨つき鶏もも肉、Aをすべて入れ、強めの中火にかける。沸騰したらアクを取り、中弱火で8分ほど煮る。バットに取り出し、ゆで汁でしめらせたキッチンペーパーをかぶせる。粗熱を取り、漉して冷ましておく。
❷Bの材料を混ぜ合わせてたれを作る。
❸炊飯器に米、①のゆで汁を2合の目盛りよりほんの少し低めに入れる。①のにんにくを加え、炊飯する。
❹皿に③を盛り、①の鶏もも肉の骨を外し、食べやすく切ってのせる。トマト、きゅうり、ライム、パクチーを適宜に切って添える。好みでスイートチリソースをかけて食べる。

カリフラワーのタルカリ（ネパール 野菜のスパイシー炒め）

↓p104

材料（2〜3人分）
フェネグリーク、ターメリック…各大さじ1
じゃがいも（ひと口大に切る）…1〜2個
玉ねぎ（ひと口大に切る）…½個
カリフラワー…1個
ひまわりオイル…大さじ3〜4
赤唐辛子（ちぎる）…4〜5本
にんにく、しょうが（各すりおろす）…各1片
クミンパウダー…大さじ2
グリーンピース…大さじ3
塩…適宜
トマト…2〜3個
香菜…1株

❶鍋にひまわりオイルを熱し、フェネグリーク、じゃがいも、玉ねぎ、ターメリックを加え、全体がなじむまでしっかりと炒める。
❷①に小房に分けたカリフラワー、赤唐辛子、にんにく、しょうが、クミンパウダー、グリーンピースを加え、全体になじむまで炒める。
❸食べやすく切ったトマト、塩小さじ½を②に加え、蓋をして10分ほど弱火で蒸し煮する。仕上げに塩で味を調え、たっぷりの刻んだ香菜を散らす。炊いたインディカ米がよく合う。
※フェネグリークは古くは地中海発祥のハーブで、インドやネパールでは一般家庭でもよく使われている。甘い香りとほろ苦みが特長。

シュヴィト オシュ（ウズベキスタン ハーブ麺のトマトソースがけ）↓p106

材料（2～3人分）

ハーブ麺（作りやすい分量）

ディル…10g

薄力・強力粉…各100g

卵…½個

牛肉トマトソース

牛肉（カレー用）…200g

ひまわりオイル…大さじ4～5ほど

玉ねぎ（みじん切り）…½個分

にんじん（さいの目切り）…⅓本分

じゃがいも（さいの目切り）…1個分

トマトの水煮缶…½缶

塩、粗挽き黒こしょう…各適宜

仕上げ用

ディル（刻む）、ヨーグルト…各適宜（たっぷりめ）

❶麺の生地を作る。ディルはミキサーにかけてボウルに入れ、小麦粉、溶き卵、水½カップと一緒にしっかり混ぜ込む。ひとかたまりに丸め、ボウルの上からラップをかけて20分ほど置く。

❷ソースを作る。鍋にひまわりオイルを熱し、牛肉を炒める。玉ねぎ、にんじん、じゃがいも、トマトの水煮缶、水2カップを加え、牛肉が柔らかくなるまで煮込む。塩、黒こしょうで味を調える。

❸①を薄く伸ばし、平打ち麺ほどの幅に切る。サッとゆで、手早く水で洗い、水気をきる。

❹器に③を盛り、②をかけ、ディルを散らし、ヨーグルトをかける。

小豆粥（韓国 白玉入り小豆粥）

↓p108

材料（2～3人分）

小豆粥

小豆…1カップ

塩、砂糖…各小さじ½

米…½合

白玉団子

白玉粉…50g

しょうがのしぼり汁…小さじ1

水…大さじ3～4ほど

❶米は洗って30分ほど水につけておく。

❷白玉団子を作る。白玉粉を指で潰し、しょうがのしぼり汁、水を加えてひとかたまりになるまでこねる。10分ほど置いて生地をなじませる。食べやすいサイズに丸め、熱湯で2～3分ほどゆでて取り出し、水につける。

❸小豆はさっと水洗いして圧力鍋に入れ、かぶるくらいの水を注いで火にかける。煮たったらお湯を捨て、水3カップを注ぎ、強火で圧をかける。シリンダー上昇など合図を確認して弱火にし、15分ほど加圧する。水や濡れぶきんなどで急冷するとさらに時短になる。

❹③に①と水1カップを加えて、10分ほど加圧する（同様に初め強火、のち弱火で）。急冷後、砂糖と塩で調味する。水を加えながらバーミックスなどで攪拌して好みの滑らかさにする。

❺④の小豆粥を器に盛り、②の白玉団子の水気をきって浮かべる。

ゲーン イェン（タイ 焼き鯰の冷たいスープ）↓p110

材料（2〜3人分）
プラードゥック（ナマズの一種）…1尾
赤小玉ねぎ（薄切り）…3個分
ナンキョウ（しょうがの仲間）…2片
赤唐辛子…3本
パッカーヘン（青菜の漬物の乾物・
　野沢菜の漬物でOK）…50g
塩…適宜
ミネラルウォーター…2カップ

❶プラードゥックは塩をして、こんがりと焼いて身をほぐしてボウルに入れる。
❷赤小玉ねぎ、薄切りにしたナンキョウ（なければしょうがでOK）、赤唐辛子、水洗いして刻んだパッカーヘン（漬物）、塩を合わせて叩き混ぜる。
❸①に②と水をほどよく注ぎ混ぜて、塩で味を調え、ごはんとともに食べる。
※プラードゥックの代わりに使う魚はタラ、タイなどの白身魚がおすすめ。

本書は、朝日新聞「ボンマルシェ」の連載
〝アジアの台所から〟（二〇一六年四月号〜二〇一九年三月号）の
大幅加筆と、新作料理と新原稿で構成しています。

デザイン　有山達也
中本ちはる（アリヤマデザインストア）
料理撮影　キッチンミノル
表紙地図作成　あおく企画
構成　岡本くみこ
編集協力　色井綾（コウケンテツの事務所）

アジアの台所に立つと
すべてがゆるされる気がした

二〇二〇年十一月六日　第一版第一刷発行
二〇二〇年十一月十六日　第一版第二刷発行

著者　コウケンテツ

発行者　株式会社 新泉社
東京都文京区本郷二-五-一二
電話 〇三-三八一五-一六六二
FAX 〇三-三八一五-一四二二

印刷・製本　藤原印刷株式会社

ISBN978-4-7877-2026-9 C2077